当代西方学术经典译丛

Socrates Tenured: The Institutions of Twenty-First-Century Philosophy

苏格拉底的终身教职
——21世纪哲学的建制

[美]罗伯特·弗洛德曼　亚当·布瑞格尔　著
芦文龙　张　卫　译

人民出版社

当代西方学术经典译丛

《存在论——实际性的解释学》
[德]海德格尔著,何卫平译
《思的经验（1910-1976）》
[德]海德格尔著,陈春文译
《道德哲学的问题》
[德]T.W.阿多诺著,谢地坤、王彤译
《克尔凯郭尔：审美对象的建构》
[德]T.W.阿多诺著,李理译
《社会的经济》
[德]尼克拉斯·卢曼著,余瑞先、郑伊倩译
《社会的法律》
[德]尼克拉斯·卢曼著,郑伊倩译
《环境与发展——一种社会伦理学考量》
[瑞士]克里斯多夫·司徒博著,邓安庆译
《文本性理论——逻辑与认识论》
[美]乔治·J.E.格雷西亚著,汪信砚、李志译
《知识及其限度》
[英]蒂摩西·威廉姆森著,刘占峰、陈丽译,陈波校
《论智者》
[法]吉尔伯特·罗梅耶-德尔贝著,李成季译,高宣扬校
《德国古典哲学》
[法]贝尔纳·布尔乔亚著,邓刚译,高宣扬校
《美感》
[美]乔治·桑塔耶那著,杨向荣译
《哲学是什么》
[美]C.P.拉格兰、萨拉·海特编,韩东晖译
《美的现实性——艺术作为游戏、象征和节庆》
[德]H.-G.伽达默尔著,郑湧译
《海德格尔的道路》
[德]H.-G.伽达默尔,何卫平译
《论解释——评弗洛伊德》
[法]利科著,汪堂家、李之喆、姚满林译
《为濒危的世界写作》
[美]劳伦斯·布伊尔著,岳友熙译
《文本：本体论地位、同一性、作者和读者》
[美]格雷西亚著,汪信砚、李白鹤译
《伽达默尔与施特劳斯之争》
[德]汉斯-格奥尔格·伽达默尔、列奥·施特劳斯著,何卫平编译
《苏格拉底的终身教职——21世纪哲学的建制》
[美]罗伯特·弗洛德曼 亚当·布瑞格尔 著 芦文龙 张 卫译

序 言

斯蒂夫·富勒

哲学从来不满足于以学术领域中学科的形式而存在的现状。即使今天,大多数学生在其课程中阅读的哲学家来自于非学院派(non-academics):柏拉图、笛卡尔、休谟、密尔。事实上,康德不得不将哲学强行引入学院,以阻止神学、医学和法学之间的争执,它们正在撕裂18世纪晚期的大学。他晚年的著名论文《论学科之冲突》("The Contest of the Faculties, 1798")为19世纪和20世纪初的哲学用来定义所有知识的术语定下了基调。哲学家实际上成为了学术界的知识担保人。

诚然,这一角色的具体性质发生了显著的变化——从康德时代的直接追随者到德国唯心论者,再到它最后的强健化身——逻辑实证主义运动。然而,它们却共同坚持一点,即哲学家的使命是依靠一己之力来解决由不同的学者提出的相互矛盾命题。在这种意义上,歌德经常作为"哲学式地生活"的典范而被人援引。当然,学院哲学家会在"认识论"和"科学哲学"领域中继续歌颂此传统。然而,当今的哲学更加苍白无力,更加具有内省性(inward-looking),这在康德哲学中已经呈现出其萌芽。事实上,康德会感到失望的是,在制度上占主导地位的"分析"学派似乎已经被学术权威所统治,而康德希望哲学家们能够超越他们。

《苏格拉底的终身教职——21世纪哲学的建制》很容易被解读为

对学院哲学的这种衰败状况进行的猛烈攻击,但更深入地解读会发现,该书的作者(环境哲学家罗伯特·弗洛德曼和亚当·布瑞格尔)可能会反对康德对哲学的定位——哲学是学术知识生产的协调者。该书的作者把自己称作"田野哲学家"(field philosopher,就像"田野研究者")。在他们看来,哲学在社会角色定位上所犯的最大错误是被19世纪后期新兴的"研究型大学"所俘虏,从此,专门化的博士层级训练成为哲学领域衡量其能力的基准。这开启了内省化(inwardness)的进程,其结果是导致当代学院哲学变得如此深奥莫测,对哲学感兴趣和其他见多识广的非专业人士对此也只能望洋兴叹。弗洛德曼和布瑞格尔更进一步:在他们看来,这种向内的转向终结了作为道德追问的哲学及作为通过其自身的实践过一种值得过的生活的哲学家。

弗洛德曼和布瑞格尔在2016年1月的《纽约时报》的"他山之石"(The Stone)哲学专栏上发表了他们的观点,著名的分析哲学史家斯科特·索姆斯(Scott Soames)对其做了回应并重申:哲学的天然故乡就是其现在的所在——学院。索姆斯的观点得到了专业哲学家的广泛认同。这也许是意料之中的,因为索姆斯从其自身的经验——身处分析哲学传统之中对语言、逻辑和科学进行研究——自然会得出这种观点。索姆斯这种典型的偏见如此轻易地被其哲学同行所接受的事实本身,正好印证了弗洛德曼和布瑞格尔关于哲学内省化的观点。

索姆斯的观念中一个明显的特点是对哲学的理论方面(即对语言、逻辑和科学的关注)和实践方面(即对善、正义和美德的关注)进行明确的区分,在此基础上,他认为在哲学的发展上,前者一直比后者更重要。这种观点正是弗洛德曼和布瑞格尔所质疑的那种体制的典型特征。鉴于康德的信徒在19世纪越来越把哲学视为一个学术工作,我们可以称为"新康德主义方案"(Neo-Kantian settlement)。"新康德主义"的基本观点是,哲学家不能言说事物之目的(即实践方面),但是他们可以言说某种假设目的的后果,以及促使该目的实现的那些事物的价值(即理论方面)。换句话说,新康德主义者自己不设定任何目的,目的由其他人提供,哲学要做的只是寻找如何实现目的的方法,并探寻实现该目的之后的事情。

通过展示哲学和专门科学相得益彰的多种合作方式——主要是在20世纪——索姆斯对学院哲学进行了辩护。人们认为,哲学家不但远没有沉迷于学术的纸上谈兵,反而显示出他们对其他学科工作的接纳和贡献。然而,在索姆斯所引用的所有案例中,哲学正呈现出约翰·洛克(被索姆斯以赞许的方式引述过)所谓的"缺乏劳动"(underlabouring)能力:其他学科提供目的,然后哲学提供或改善手段。这就是新康德主义方案在现实中的表现。即使当索姆斯引述那些在其他学科中引起革命的哲学家之时,他的例子也仅仅局限于身兼哲学家和数学家于一身的那些人,比如戈特洛布·弗雷格、伯特兰·罗素、库尔特·哥德尔,这好像是在告诉我们,哲学与从人类目的中分离出来的纯粹思考具有某种天然的紧密联系,对数学学科而言尤其如此。

作为对照,让我们看一下其他三个几乎与弗雷格、罗素和哥德尔同一年代的哲学数学家:查尔斯·桑德斯·皮尔士、埃德蒙顿·胡塞尔和亨利·柏格森。他们也曾参与哲学的变革,在新思想的引入中发挥了相似的作用,但是他们的影响要广泛得多,在学术界内部和外部都产生了影响。然而,弗雷格、罗素和哥德尔之所以在学院哲学中被人尊重,很大程度上是因为他们作出了专业性和技术性的贡献,这显示出哲学家能够推动知识前沿的进展。皮尔士、胡塞尔和柏格森则对更为一般性的人类价值作出了广泛的贡献,描绘出哲学家希望我们成为的那种人。他们的哲学——实用主义、现象学和机体主义(vitalism)依然是当今文化版图的组成部分,而不仅限于哲学领域。

事实上,与索姆斯的整个论点相反,哲学注定具有文化上的创造性——以及社会上的破坏性——这恰恰是因为它要自然穿行在人类的整个领域,从而模糊理论和实践之间的区别。这是诠释呈现于柏拉图对话中的苏格拉底的形象的最直接的方式。与此相反,新康德主义的方案将会把哲学引向理论方面,从而回避那些对先前的哲学家造成困扰的道德、政治和宗教难题。因此,它在学术界享有特权地位。这类似于17世纪在伦敦成立的皇家学会的情形,它为当时新兴的自然科学的"独立而优越"的地位做了辩护。马克斯·韦伯甚至在20世纪早期为此策略进行了一种同情性的解读:课堂知识的学术价值中立性为学生自主决定哪些知识值得追求——以及追求到何种程度——创造了空间。

一种看待新康德主义方案的效果的好方法,是看苏格拉底形象的变化,当今没有一个哲学家对他有微词。然而,正是随着哲学的学术教化,苏格拉底的形象才被视为是绝对正面的。事实上,它标志着对苏格拉底自身形象的改造。即使在人们对苏格拉底的形象有统一的认识的启蒙运动中,伏尔泰和卢梭对苏格拉底的遗产也存在着分歧:相比于卢梭,伏尔泰对苏格拉底更具好感。然而,当今被学术化的苏格拉底的形象全部是关于他的卓越的论证技巧,而非他的处理方式中明显的恶作剧的和存心刁难的特征,而这些特征曾使卢梭和其他许多人感到厌烦。如今,被净化过的苏格拉底的形象成为可能,是因为学术界开始照字面意思来阅读柏拉图的对话录,而忽略了苏格拉底表达中的表演性的特征——更不用说那些大量的、经常是负面的、煽动性的理解。

实际上,学术上被改造后的苏格拉底是戏剧的一个道具——提线木偶——在面对现实和想象的批评面前,他精心地为柏拉图的学说辩护。可以肯定的是,那个叫作"苏格拉底"的人很可能是存在的,他一方面具有显著的个性,另一方面缺失书面记录,这两个方面的结合使他成为柏拉图的理想代言人,其是苏格拉底晚期的追随者。那些了解苏格拉底的人似乎对他的印象并没有那么崇高。要继续维持这一传统,就要沿着当今柏拉图学者所追求的道路走下去,这就需要理清柏拉图与苏格拉底的关系,以使当前的学院哲学的实践合法化。但是,人们当然可能会去追逐,并决定是否效仿柏拉图对话中描述的苏格拉底,不管这个人物是否真的存在。这正是《苏格拉底的终身教职——21世纪哲学的建制》所提出的有意思的问题。

在当今的学术生态中,成为苏格拉底意味着什么,《苏格拉底的终身教职——21世纪哲学的建制》描绘了两种相反的图景。这两种图景让人想起与苏格拉底同时代的两个思想学派,其中每一个都在语言与文化方面留下了延续至今的影响:智者学派和犬儒学派。弗洛德曼和布瑞格尔的"田野哲学家"在智者学派和犬儒学派之间挣扎。虽然这两个学派通常都是被人们用反讽的方式理解的,但更真实的是,在希腊的原初语境中,两种立场都是被直接采纳的——这正是读者应该理解弗洛德曼和布瑞格尔的方式。一方面,智者学派相信,哲学只有在它能够给非哲学世界赋予力量,并尽其所能来帮助他们时才能保持自身的存在。在这种意义上,苏格拉底是一个具有严谨的质量控制意识的智者。另一方面,犬儒学派认为,哲学只有在矫正人们的那些妨碍其安宁生活的能力的观念时才能保持自身的存在。在这个意义上,苏格拉底是一个犬儒主义者,拥有良好的临床意识(bedside manner),就像维特根斯坦后期的"治疗"(therapeutic)哲学。读者需要思考这两种道路如何搭配才能发挥更好的效果,因为他们试图在当今的世界中过一种苏格拉底式的生活。

该书中一个有趣的例子是伯特兰·罗素的职业生涯,索姆斯试图通过他来反驳弗洛德曼和布瑞格尔。罗素不仅是一个在哲学上作出重大贡献的哲学家,而且过着哲学式的生活。罗素的哲学生涯中——绝大部分是以年代和页数来衡量——更加面向实践的一面则几乎被学院哲学家所忽略。然而,罗素(他的哲学个性)所代表的这种哲学能动性,使他成为弗洛德曼和布瑞格尔眼中真正的"哲学家"。罗素在公共空间发表言论与在研讨室里一样自如。我此处的意思不是说罗素有能够把复杂思想翻译为普通公众能听懂的语言的卓越能力。更重要的是,罗素愿意在各种各样的话题上——对于那些不相信他的人是"侮辱性的清晰"(insulting clarity)——表达自己观点,并接受包括坐牢在内的一切后果中所彰显的道德高度。在此意义上,罗素非常像那个没有被学术改造过的苏格拉底。

学院哲学家以能够在会议室讨论问题而感到骄傲,这些问题如果在公共场合被认真对待将会引发骚乱。他们对公众的看法与柏拉图一样,即认为他们在思想上没有准备对存在的意义这种话题进行深入和广泛的思考。但是为了获得这种"思想准备"(mental preparation)所付出的代价是,学院哲学家最终会以一种半独立的、游戏式的态度来对待他们所关心的重要问题。与"思想准备"相关的含义相当于附上这样的警告,"不要在家里尝试"任何颠覆我们关于实在的直觉的激进观点或思想实验。这对弗洛德曼和布瑞格尔来说还不够好,他们要让哲学家不但"要做"(walk the walk),并且"会说"(talk the talk)。可以肯定的是,这一规定仍然包含着强烈的"学科"意识,但它是宗教领域所熟悉的那种意义,相比而言,学术领域对之还不是太熟悉。

中文版序言

罗伯特·弗洛德曼　亚当·布瑞格尔

2011年和2012年,很高兴张卫和芦文龙先后来我们这里访学。那时,本书的思想还没有完全成型,但是我们已经在思考,中国的读者会对我们关于哲学的职业化和学科俘虏(disciplinary capture)现象的批判做出何种反应呢?在我们的讨论中,我们会问,中国是否有类似的"田野哲学"(field philosophy)?如果没有,是否有这方面的需要?"田野哲学"在中国会呈现出何种与美国的实践不同的地方?

由于芦文龙和张卫的辛勤付出,我们现在有机会把这些问题提交给中国的读者。我们对他们的付出深表感谢。我们希望这项翻译工作能够就哲学在现代世界中的位置激发一种跨文化的对话。在此序言中,我们以一种新的方式重新表述了我们的主要思想,即把我们的思想放在加速的现代化进程之中,美国的现代化进程继承自欧洲,中国也正在加速实现现代化。

60年前,德裔美国哲学家汉娜·阿伦特出版了《人的境况》一书。充满着对人造卫星的好奇,她想知道我们这些地球上的生物是如何开始准备离开地球的。它展现出的技术威力令人印象深刻,但她担心我们的科学知识超出了我们的能力"去理解,即思考和谈论我们所能做的事情"。如果事情继续沿着技术专业化和复杂化的轨迹发展,那么我们就需要"人工机器来替代我们的思考和说话"。这种威胁使我们变成"无助的奴隶,不仅是我们的机器的奴隶,而且是我们的技能(know-how)知识的奴隶"。

阿伦特在对人工智能危险的认识上有先见之明。但她的见解中更重要的是,"人造卫星"是发展着的文化危机的一个重要标志——在技能知识崛起之前,反思退隐了。当然,"技能"本身也是一种思考,但却是一种让我们变得轻率(thoughtless)的思考。它已成为霸权,接管了反思曾一度繁荣的地盘。思考已经成为所有消费产品的一种形式,阿伦特已经发现了这一点,她想知道我们是否还能"思考我们在做什么"。

在西方传统中,有一种思想是对生产性的技能知识的补充,其名字叫:哲学。但是 20 世纪和 21 世纪的哲学发生了什么呢?它是如何成为自己的生产性的技能知识的呢?这就是《苏格拉底的终身教职——21 世纪哲学的建制》所思考的问题。这本书试图理解在哲学的理解上发生了什么。是什么导致了它的灭亡,以及哲学在现代社会的所有狂热的(frenetic)技能知识中又如何找到家园?虽然我们的分析主要集中在西方的思想和制度历史上,但这项翻译工作的主要目的是促进哲学在美国和欧洲与中国之间的相似和不同之处的讨论。

–2–

让我们感到惊讶的是,现今很少有学者注意到知识生产的问题。知识社会、大数据的奇迹和互联网上随时可及的知识的教父们忽视了这些活动所带来的日益逼近的阴影。尽管存在明显的危险,但学者和社会上的人都继续将知识视为一种纯粹的善。很明显,在这一点上,文化舆论的改变将会发生重大的灾难。如今,学者们的良知依然是清晰的,他们心满意足地从事人工智能、生物技术或任何他们想象的将要出现的以产品为导向的奇迹。或者在像人文学科这样不以生产性知识为主的领域，他们仍然会进入一个狭窄的领域去写一篇文章或专题论文，这是专门为他们的同事而写的——这就是我们所说的"学科俘虏"的意思。与此同时，越来越明显的是，在知识生产方面，私人企业可以和大学做得一样好或者更好。大学唯一的独特功能就是认证某人是否受过良好的训练。

当然，学界也有一些关于事情是有问题的传言（subterranean rumblings）。在过去的20年里，这方面的主要表现是关于交叉学科的讨论。我们可能已经走过了交叉学科讨论的高潮期，近来对它的讨论似乎不那么热烈了。但是兴趣依然浓厚，而交叉学科研究仍然是应对我们的知识文化的问题的首选解决方案。因此，交叉学科的讨论是有充分理由的——它意味着这样的认识，即我们的大多数问题本质上是游移不定的（wobble）、界限模糊的、大量地掺杂着价值的，而且学科专家已经明显不能很好地解决这些问题。但很少有人愿意承认交叉学科的核心含义：它不是提供解决方案，而是在根本上宣布知识文化的危机，甚至是失败。

几乎所有人都不愿承认的是，交叉学科的方法必然要求放弃成为一名专家。我们以苏格拉底的名字命名了我们的书，正是因为他否定了任何有关专家的说法。学科中亚领域的专家们总是处于被淹没的边缘——这就是他们为什么不断地深入研究一个狭窄的专业领域的原因——但是这对于努力将知识融入到整体有什么意义呢？不可避免的结论是，到最后，在交叉学科研究人员与大街上的普通人（即外行）之间几乎没有什么认知落差。是的，交叉学科研究人员比大街上的普通人知道的多得多，但这些充盈在各个领域——所有这些都超出了一个人的掌握范围——的知识之无限性之前就已经变得苍白，更不用说困扰着试图把全部聚集成一个整体的无穷的无穷性（infinity of infinities）。那么，对于一个问题的1/100的理解和1/10000的理解有什么区别呢？

这是一种不诚实（bad faith）的要素，它萦绕在交叉学科的周围。对于那些愿意倾听的人来说，交叉学科宣告了知识事业的失败。尽管我们应该清楚这一失败的本质。军工知识复合体在下面的意义上肯定不是失败的：生产更多的知识，或者更复杂和致命的武器，或者更多的消费者玩具，或者让人们思考的更有趣的东西。正如阿伦特指出的那样，这仅仅在下面的意义上是一个失败：我们理解这一切到底意味着什么，或者全球文化的走向，或者我们为76亿人创造的生活方式是否是可持续的或甚至是令人满意的。

-3-

简言之，我们认为交叉学科是一种初级的、不自觉的哲学——只要"哲学"是在苏格拉底式的形式上来理解的。今天的大多数哲学家都赞扬苏格拉底，但他们实际上是在诡辩。对苏格拉底来说，哲学是一门质疑和参与对话——面向所有人和任何人——的艺术。我们一直致力于这一我们认为最重要的事情，这是一项具有挑战性的任务，因为我们容易分心，或者海德格尔所说的"存在的遗忘"。相比之下，诡辩家（Sophists）则声称自己是专家。他们对待哲学就像对待其他学科一样，就是说，作为一个与所有其他领域一样的技能知识领域。他们创作作品是为了被本学科的专家们所使用。

在我们对苏格拉底传统的更新中，我们所谓的"田野哲学家"是对苏格拉底的模仿者，他们试图对前提假设进行审问，寻找联系，并从整体上理解问题——都位于公共领域或广场（agora）。当然，苏格拉底当时在很大程度上是在前学科的世界里工作——这个世界在工艺知识方面确实有一些专门的东西，但是没有任何东西能比得上我们现代官僚社会的专业知识。但苏格拉底或田野哲学家的任务仍然是一样的：与那些自己相信自己有知的人进行交谈，并向他们提问，希望他们停下来并进行思考。

让我们明确一下这个术语。田野——例如,农民的田野——只是被动地躺在那里。我们是在不同的意义上使用该术语。田野哲学起源于"田野科学"。在日常用语中,地质学家或生态学家会说要到野外去,把实验室的人造空间留在后面,以测试"地面上"的想法。然而,田野是不受控制的空间,在这里,思考成为质问性的:我们问问题,世界回答。从科学中借用这个概念,我们的意思是,哲学也必须走到书斋进入世界来提出它的问题,并认真倾听带回的答案。

换句话说,田野哲学是主动的,而不是被动的。马克思在他的《关于费尔巴哈的提纲》中写道:"哲学家们迄今为止只以各种方式解释世界;而问题在于改变世界。"考虑到他在中国的影响力,我们想知道,马克思是否比苏格拉底更能提供一种理解田野哲学家的途径。也许此书的名字翻译中文时应该是《马克思的终身教职》。无论如何,和我们的中国朋友和同事一起思考这个问题会很有趣。

田野哲学是我们对学科化思维的缺陷与不足的回答。我们应该注意到,除了学术版本之外,我们还看到了事实上的(*de facto*)交叉学科的另外两种形式,并且它们已经在运作了。第一个是资本主义经济的市场。就其本身而言,尽管是一种非常粗糙的方式,但市场或"看不见的手"确实汇集了所有可用的投入,并给出了问题的整体答案:这就是事物的价格。那些对市场持乐观态度的人会责备我们对"理解"的坚持。没有人需要理解这一切是如何形成的,它自然就形成了。没有人真正知道如何制造一台电脑——想象一下所有的专业任务,如开采原材料,精炼它们,组装它们,编制程序,等等。它需要成千上万的人,每个人都对另一个人的操作一无所知,但不管怎样,计算机是存在的,它是有效的。当然,此篇文章的信念付出了自己的代价,它被封装在"市场失灵"这一术语中,这个名字代表了所有的要素,而这些要素在某种程度上并没有完全被计算到事物的成本中。市场失灵意味着,即使是无所不知的"蜂巢思维"(hive-mind)也无法理解。

正如阿伦特指出的那样,实践的交叉学科的另一种形式是人工智能。因为即使是最聪明的人类头脑，甚至是市场的蜂巢思维，也无法理解并整合解决我们问题所必需的所有知识，但人工智能有可能做到这一点。我们承认这是有可能的。但是，我们仍然可以提出恰恰来自于这些解决方案的所有潜在的问题——我们可能不喜欢，甚至不理解人工智能提出的解决方案，或者像终结者之类（我们指的是1984年的好莱坞电影），它可能以清除我们的方式来解决我们的问题。当然，我们甚至不再需要想象未来的场景。我们已经有了一些机器人在Twitter上运作，在YouTube上生成内容及撰写餐馆评论。首批广泛使用的机器学习应用程序已经涉及假的色情视频和其他类型的"深度伪造"（deep fakes），这并不是完全有希望的。换句话说，人工智能就像它所理解的那样，很容易产生混淆。

　　但是，与其以这种忧郁的调子结尾，不如让我们以堂·吉诃德的方式来结尾。跳出上述困境的出路何在？这正是学术界通常呼吁的需要进行"更多研究"的地方。但是，如果我们是正确的，找出解决方案实际上是问题的核心。简言之，这一认知问题并没有认知的解决方法。有必要回忆一下，苏格拉底的许多对话都以一种困惑（aporia）或深深的怀疑而告终。这可能意味着我们实际上没有什么可说的。我们唯一的"建议"将会开启诸如减慢（或暂停、或停止）知识文化的事情。我们担心这实际上会以灾难性事件的形式发生。一种更好的可能性是通过培养慈悲心和控制欲念的佛教美德来实现。就像我们说的，这是不太实际的。但这是我们事关前进道路的最好的猜测。

2018年3月

内容提要

苏格拉底虽然受到当今哲学家的普遍崇敬,但其真正的哲学活动却被拒绝或忽视。苏格拉底在今天的哲学系(或其他任何院系)绝不可能获得一个职位。

《苏格拉底的终身教职——21世纪哲学的建制》对学院哲学在当今社会所扮演的边缘化角色进行了解释和批判。它关注的是一个被哲学界忽视的问题:自现代研究型大学建立以来哲学所处的制度建制。我们认为,这种建制——也就是"院系"——是当代哲学一个很大的思考盲点。

我们对之进行了理论和实践上的双重批判。事实上,该批判对现代研究型大学正在进行的重新改造是一种回答。这种自我改造——自身是对各种政治和技术压力的回应——很可能会对哲学或整个人文学科产生重要的影响。一些条件好的大学的人文院系将会像以前那样继续运行,但是我们怀疑绝大多数的人文院系将会面临痛苦的转变。我们讨论的危险——不久将会被所有人看到——没有被给予持续的学术关注,原因很简单:制定议程(agenda)的那些人拥有一份闲职(sinecure);终身教职(tenure)。这一制度事实导致我们对体制安排的理论维度的忽视。

哲学家需要作出一种选择。我们可以继续我们的教学和研究,同时希望事情还会像以前那样继续下去。或者,在我们的职业被别人改变之前,我们可以通过主动地改变我们的职业(部分地)来掌控我们的未来。我们选择了后者,并呼吁发展出一种新的制度模式来为处于死胡同里的学院哲学开辟一条出路。

但是还有比哲学部门的前途更加危险的事情。这就是我们飞速发展的社会的未来。毫无疑问:哲学总是以这样或那样的方式进行。学院哲学也许在社会层面是隐匿的,但是新的哲学形态却在整个社会中欣欣向荣。当代的"文人共和国"(Republic of Letters)[1]的活力与同时代的学术界对面向内部的保守主义形成了鲜明的对比。这一新的"文人共和国"会迅速地进行哲学思考,来回应那些具有深刻的哲学要素的各种规则改变者——诸如气候变化、人工智能、全球化、新媒体及人类基因组重塑的可能性等。

这些哲学家基本上都不曾获得哲学博士学位。他们经常被称为或自称为商人、科学家、新闻记者、工程师和未来派画家,而非哲学家。他们创建了一个非正式的沟通网络,如博客、视频网站、杂志和书籍。他们或者以自由职业者的身份出现,或者工作于大学边缘的机构中,如生存风险研究中心、生命的未来学会。其中的一些机构(如 X,前身是谷歌 X),虽然处于学术的边缘,但在社会上很有地位。其他思想家的身份则更加隐蔽。总的来说,该网络正在扮演被学院哲学家几乎已经抛弃的角色——在公共领域中广泛地思考我们是谁、我们到哪里去以及我们应该成为什么。

《苏格拉底的终身教职——21 世纪哲学的建制》是对这种发展的一种回应。首先,我们对当今学院哲学的现状进行了分析,并回答了为什么当代哲学(包括应用哲学)不能够满足社会的需要。然后,我们为哲学研究提供了一种新的方式——我们称之为"田野哲学"(field philosophy)——作为沟通学院哲学和无形的、不断发展的技术化的"文人共和国"的桥梁(以及克服他们各自的局限性)。

田野哲学有两个基本特征。第一,它通过在哲学思考中引入一种更具企业家精神的方法(entrepreneurial approach)来扩大学院哲学的领域。我们视田野哲学为这样一种学院哲学,在其中,哲学家与科学、技术、工程和数学(STEM)学科的人员、政策界、社区团体和非政府组织在持续变化的基础上进行合作。在这个意义上,田野哲学不是对"学科化的"哲学的否定而是补充。事实上,我们将支持这样一种良性循环模式,在其中,田野哲学家定期地返回院系来报告他们的经验,并在再次投入外面的世界之前在这里进行充电。

第二,田野哲学希望拉近当今的"文人共和国"的那种不太正式但极具创造力的公共形式与学院哲学的距离。技术化的"文人共和国"中的哲学家将会因为更好地接触学术工作而获益。例如,他们可能会缓和一些他们关于技术进步所释放的希望的乐观主义看法。我们认为,哲学的这两种表达形式——学院的学科化研究和新"文人共和国"——需要相互认识并形成一种非正式的合作关系。田野哲学可以作为二者的桥梁。虽然我们很少关注它,但我们也会注意到第三种哲学模式的存在——我们称之为哲学家官僚(philosopher bureaucrat)——在其中,学术上训练有素的哲学家在全社会的非学术机构中进行永久性的经营。这三种模式——学科哲学家(主要在内部相互交流)、田野哲学家(穿梭于学术界和外面更大的世界之间)和哲学家官僚(已经"入乡随俗")将组成21世纪哲学的生态系统。

总之,在其他人不看好哲学之时,我们看到了复兴的机会——在一个迫切需要它的时代,深思熟虑的行动得以重生。尽管有人声称我们为了迎合功利主义的价值观而正在出卖哲学的灵魂,但我们认为我们正在从事一项柔术(jujitsu)运动。

我们的观点可归结为下述八个方面:

1. 市场经济和技术进步的拥护者把他们的事业视为哲学的反面,他们对这种纯粹的空想不予理会。就学院哲学的性质而言,这确有其理。但是这些社会力量现在已经不知不觉地具有了哲学的性质。我们全球化的科技文化引发了许多认识论的、伦理学的、解释学的、美学的

和形而上学的问题。这为学院内外的哲学家们提供了全新的理论机遇和就业前景。²

2. 为了抓住这些机遇,哲学家们必须审问他们的制度设置。把哲学(和人文学科)作为一门学科——即作为一种局部的本体论(regional ontology),由各部门的专家组成——是对现代研究型大学发展的一种错误应对。排他性的学科化构成了20世纪和21世纪哲学的原罪。

3. 解决社会需求和应对挑战需要新的哲学方法。当前单一模式的哲学研究不具有可持续性:州立法机构将不会继续为针对少数学科同行的研究提供资助。我们新的文化氛围同样需要全新的哲学教学模式。在这两种情形下,哲学都需要被作为实践来对待,研究和教学都需要聚焦于其他学科、社会事务、公私部门和日常生活中的哲学问题。

4. 一个多元化的哲学方法还应该思考什么是高质量的哲学思想的问题。学科化哲学(disciplinary philosophy)一直对严谨(rigour)问题不加批判,一定程度上忽视了修辞领域的哲学维度。当然,哲学家必须进行深思熟虑、细致入微的论证。但是好的哲学研究还需要兼顾特定受众和情景对时效性、经济性和价值性的需要。

5. 如何"落实"哲学理念的问题需要成为我们思考的一部分——其自身应该作为一个哲学问题来对待。我们需要一个针对"哲学的影响"(impacts of philosophy)的研究计划。这反过来又会促进整个学术界(比如STEM共同体)和全社会感兴趣的"影响的哲学"(philosophy of impact)的发展。学术研究对世界产生影响是什么意思?如何界定积极的影响?究其根本而言,要回答哲学或其他研究是否有用或实用这一问题,首先要对有用或实用的概念本身进行界定。

6. 20世纪在哲学的相关性(relevance)上的努力是失败的。应用哲学是20世纪80年代试图使学科化哲学更具有相关性的产物,但它在很大程度上已经失败,尽管偶有例外。应用哲学并非是要变成一种社会实践,而是聚焦于为其他哲学家撰写哲学论文。与之相反,田野哲学紧跟当代社会的节奏:参与实践,以利益相关者为中心和时效性。

7. 我们坚持的是一种多元方法：传统的学科化哲学是有价值的洞察力的源泉，应该支持其继续发展。但是它需要在更富有创业精神的田野哲学家和哲学家官僚之间保持一种动态平衡。北美的110个哲学博士点应该实验尝试运用不同方法去从事哲学和培养哲学家，而不是像旅鼠那样，在一个接一个的部门之间重复已经取得的相同的成果。

8. 一些哲学家——诚然，很明显是少数——已经在像田野哲学［和官僚哲学(bureaucratic philosophy)］那样实践。然而他们很少进行反思或记录他们的经验，以之来训练下一代哲学家作为其目标。如果他们对不同的哲学方法的见解需要建立并体制化，这就需要做出改变。

概言之，《苏格拉底的终身教职——21世纪哲学的建制》由三部分组成，包含四个主题。在第一部分中，第一章对问题进行了描述——学院哲学在社会上所处的边缘角色，以及我们如何陷入如此境地的历史描述。在第二章中，我们通过收集和分析能够一般性地说明哲学和人文科学现状的数据，描述了学科化哲学的现状，并概述了它不太可能持续下去的现实原因。

第二部分（第三章到第五章）分析了20世纪试图解决哲学的社会不相关性(societal irrelevance)问题的各种尝试。第三章主要着眼于应用哲学领域。第四章考察了环境伦理学的情况。这两个领域在努力使哲学具有相关性上已基本失败。我们把这种缺乏更大的社会影响的病因诊断为"学科的俘虏"(disciplinary capture)。然后我们在第五章转向生物伦理学。这里的情况有所不同，我们对该领域之所以在较为广泛的社会影响上相对成功的原因进行了解释。

第三部分包括两个中心论点。第六章就哲学脱离社会这一问题提供了解决之道——田野哲学。第七章在本质上更具有前瞻性：我们认为需要在整个哲学领域发展出一项新的方案——"影响的哲学"(philosophy of impact)。

再次申明一下我们的四个主题：我们描述并诊断哲学的社会不相关性，分析解决哲学的社会相关性的诸多尝试普遍失败的原因，提供我们自己实现哲学社会相关性的模式及勾画哲学研究新领域的轮廓。

与我们一起思考，请打开本书吧！

注　释

1. 兴起于16—18世纪的欧洲的学术共同体，他们在大学的束缚之外进行自由的思考，产生出许多新的思想观点。——译者注

2. 举个例子，美国国家科学基金会(NSF)和世界各地其他公共科学机构在资助标准中增加"更广泛的影响"，事实上是承认了科学研究中伦理和价值的核心作用。

目 录

前　言　　　　　　　　　　　　　　　　　/ 1

第一篇　新的时代的哲学研究

第一章　哲学，认识你自己　　　　　　　/ 3
第二章　事情的境况　　　　　　　　　　/ 19
间奏曲1　哲学的位置　　　　　　　　　/ 40

第二篇　学科性及其局限

第三章　应用哲学　　　　　　　　　　　/ 47
第四章　环境伦理学　　　　　　　　　　/ 72
第五章　生物伦理学　　　　　　　　　　/ 91
间奏曲2　哲学的空间　　　　　　　　　/ 110

第三篇　达到逃逸速度

第六章　田野哲学　　　　　　　　　　　/ 117
第七章　"影响"的哲学　　　　　　　　/ 141
参考文献　　　　　　　　　　　　　　　/ 160
索　引　　　　　　　　　　　　　　　　/ 179
译后记　　　　　　　　　　　　　　　　/ 186

前　言

哲学的纯化

　　西方哲学的故事可以采取很多种方式来讲述。[1]它可以按历史阶段来呈现——古代的、中世纪的、现代的与当代的,或者再笨拙地加一个"后现代"放在最后,作为古代与现代之间争论的结果;它也可以按大思想家来进行排列:笛卡尔作为现代哲学的轴心,弗雷格(或胡塞尔)作为20世纪哲学的开端,维特根斯坦(或海德格尔)作为20世纪最伟大的思想家;它也可以按核心领域来划分(在分析传统里,形而上学、认识论和语言哲学)或流派来划分(在欧陆传统中,现象学与存在主义)。且标准也可以从性别和种族的角度进行重新的解读,这是一个几乎完全由欧洲血统的白人所塑造的学科。

　　然而,无论呈现的方式多么丰富多彩,它们都经历了一个关键的时刻:19世纪末,哲学被安置于一个现代机构(研究型大学)中。哲学的建制化使之成为一门学科——只有在学术环境中才能被严肃对待。这一事实反映出当代哲学严重的"无思"(the great unthought)。[2]

　　看一个简单的细节,哲学以前从来没有一个中心。哲学家可以在任何地方找到——外交服务、闲职生活、打磨镜片,甚至是在学院或大学里。之后,如果他们是"严肃的"思想家,人们对他的期望是,他们应该生活在研究型大学中。与苏格拉底的爱好不同,哲学家成为像其他学科专家一样的专家。这种情况甚至发生在哲学家为他们的学生讲授苏格拉底式智慧的美德之时,彰显着哲学家作为非专家、提问者和牛虻的角色。

就像布鲁诺·拉图尔(Bruno Latour,1993)所说的那样,哲学被纯化了。这种纯化工作的发生对应于如下两个事件。第一个是1870年左右自然科学的发展以及随后的几十年中社会科学的出现。自然科学和社会科学都由哲学分化而来:自然科学来自自然哲学,社会科学来自于道德哲学。第二个事件是在现代研究型大学中,哲学被看作是仅仅与其他学科并列的另一门学科而已。与学问被限制在学术领域的同时,自然科学与社会科学又把学术领域一分为二,哲学因此丧失了它在学术界的传统地位。

这并不是说,在19世纪晚期之前的大学里,哲学并没有受到挑战。在不同的世纪、不同的国家,哲学的地位不断地发生着转变。许多被我们认为是哲学家的那些人根本就没有在学院里工作。但不论是在大学的内部还是外部,"哲学"总是包含着对过一种美好生活的关注。事实上,从随后出现的科学研究文化的发展的视角来看,早期存在于哲学、医学和神学之间的冲突是一种两败俱伤的冲突,而不是跨越巨大文化鸿沟的冲突。这些领域本应该在一个更大的知识统一体中联系在一起——这个知识统一体在19世纪末被不断分化的专业化打碎了。

20世纪早期的哲学家因此面临着一种生存困境:随着自然科学和社会科学对整个知识的瓜分,还有什么角色可以留给哲学?这里存在着许多可能性,哲学家可以成为:

学术知识的综合者;

为研究和教育提供逻辑基础的形式主义者;

在学科之间进行整合以及把学术界的宽广视野带向学术界之外更大的世界的翻译者;

专注于伦理学、认识论、美学等学科中深奥的哲学问题的学科专家;

部分或全部上述角色的组合。

但就制度现实而言,这些看起来似乎都不可选。哲学家需要被科学化。他们需要接受由不同专业划分的现代研究型大学的结构。真正的哲学家将会以培养专家的模式来培养,并获得资格。故而,"学科"(discipline)成为判断什么才算作合适的哲学的主导标准。这是在该领域获得生存权的唯一途径。

但是这种描述是具有误导性的——因为在这种制度变迁之前的那种哲学没有存活下来。它不像是,那种古老形态的哲学在新的体制生态系统中找到一个熟悉的位置(niche),使它能够做它一直以来所做的事情。毋宁说,哲学自身发生了转变,进化为一种学科形态的新物种。适应行为改变了幸存下来的东西。哲学是一种新事物,尽管大部分哲学家没有意识到这种转变,仍然相信他们和苏格拉底属于同一类,就好像苏格拉底在这种新的制度生态系统中仍然有希望存活下来一样。

这——哲学成为一个学科——就是纯化(purification),它催生了当代意义上的哲学。这就是说,制度上的变革引起理论层面的变革,而这一点在很大程度上是不容易被发现的。如果哲学想在学术界继续占有一个安全的位置,它需要有自己独立的领域,它自己的专业术语,它自己的学术标准,它自己的知识守门人,它自己的专注对象。

哲学已经演变为和科学一样的结构模式,难怪哲学深受羡慕物理学之苦,并感觉到一种无力感。哲学采取了知识生产的科学方法——进步,而不是洞察力——但是在描述(更不要说控制)世界的进展上不能与科学相匹配。哲学确实无法与科学的认知成就相匹敌,但是没有人注意到,哲学在模仿科学的制度模式上走得实在太远。我们被相同的标准评判:同行评议的作品。我们也发展出一些远离常人所能理解的亚学科分支。通过这种方式,我们也具有所谓的科学性。

那么,我们的主张可以简单地表述为:哲学从来不应该被纯化。"脏手"(dirty hands)不应该被视为一个问题,反而应该被认为是哲学思考的原生状态——它随处可见,通常是间隙性的(interstitial),本质上是交叉学科或跨学科的。哲学是一个轧布机(mangle)。哲学家的手从来没有干净过,他们从来也没有想让它干净。

这个故事还有另外一层。伴随着现代研究型大学而出现的纯化行为不仅仅是对知识领域进行分科,而且造成知识与美德的分离。虽然现在看起来对我们有点陌生,但是在纯化(以及标准化,即哲学原则上与其他知识领域没有任何区别)之前,哲学家被认为是在道德上优于其他人群的。18世纪的学者约瑟夫·普利斯特里(Joseph Priestley)写道,"哲学家应该比其他人更优秀、更好"(Priestley, 1775, Vol.1, p. xxiii)。作为爱智慧的哲学被视为与牧师并列的一个职业。它需要具有突出的美德(其中最重要的是,正直与无私)。更进一步说,为了保持它的怀疑精神,哲学被视为一个过程,而非一种结果。对智慧的追求本身就是一种美德,进一步教导这些美德。知识与美德被紧密地联系在一起,因为伦理学研究提升了那些追求它的人的品质。毕竟,哲学的要义在于成为更好的人,而不仅仅是搜集或生产知识。

正如史蒂文·夏平(Steven Shapin, 2008)所指出的,19世纪晚期学科的出现改变了这一切。学科所隐含的民主性开创了一个"科学家的道德等价物"(the moral equivalence of the scientist)的时代。"世界的祛魅"(韦伯语)终结了任何超出知识范围之外的概念。"是"与"应当"的分离使得用目的和功能等术语来谈论自然(包括人性)成为无意义的事情。到19世纪晚期,克尔凯郭尔和尼采表明,哲学在试图建立一种区分不同生活方式的优劣性的普遍标准上是失败的。

一旦知识与善相分离,科学家和哲学家都被视为专家,就无法从他们的工作中获取道德或教训。科学从非个人的结构和方法中赢得权威,而不是从科学家的卓越品格中。作为个人的科学家与普通人没有什么区别;他(她)没有"任何特殊的权威来宣布什么是应该做的"(Shapin, 2008, p.25)。科学成为一种"去道德化"的工具,服务于权力、官僚和商业。

哲学也模仿科学形成了一种参与"天才竞争"(genius contest)的文

化。哲学活动已经成为一场竞赛,以展示一个人在创造或推翻某种观点中有多聪明。就像科学那样,哲学成为一个技术性的事业——其不同之处是我们操作的是词汇而非基因。哲学是追寻美好生活的一般观念被人抛之脑后。成为专家之后,我们失去了把控全局的能力。哲学当前的宗旨是变得聪明而非善。

具有讽刺意味的是,我们在技术上的成功却引发了一系列关于"善"的哲学问题。这就引发出这样一个问题:学院哲学家是否已经准备好去帮助社会思考。

注　释

1. 该前言是下面这篇文章的修改版:罗伯特·弗洛德曼、亚当·布瑞格尔(2016):《当哲学失去了它的道路》,《纽约时报》2016 年 1 月 11 日。

2. 我们发现,当此书即将付印时,布鲁诺·拉图尔(2016)提出了一个类似的问题:学术性的学科和哲学被纳入学科架构的哲学意义是什么?

第一篇

新的时代的哲学研究

第一章　哲学，认识你自己

> 当今世上只有哲学教授，没有哲学家。
>
> ——梭罗

一位教授曾这样解释论文的性质以及随后的哲学生涯：

寻找一个从来没有人研究过的小问题；深入挖掘几年。在你没有超过其他人之前不要停止——除非该领域已经有了 30 位 或 40 位专家。当你毕业之后，你将会花费你的下一个 30 年为专家群体而进行写作。这就是现实情况。现在是时候来质疑我们所恪守的这种哲学模式了。

哲学家与城邦

每个人都努力过一种丰富和充实的人生——尤其是，我们中的许多人都拥有大量的手段和机会。但是用哲学语言来表述该问题，对话就会显得陈旧无趣。人们会对此变得不耐烦：哲学在会议室里是好的，但是在现实世界中，这种抽象就显得不合时宜，陷入空想的泥潭。这是一个矛盾：人们一边认为伦理学是见仁见智，一边却努力争辩说，他们对待自己孩子的方法是公正的。他们一边声称美学是主观的，一边却计划着到国家公园远足，并在他们的厨房改造上进行精心的设计。哲学是不切实际的——同时也是不可避免的。

当今的哲学研究——我们指的是职业,领取薪俸的职位,在学院或大学里——就存在于这种矛盾之中。我们可以说,它一直就是这样的,在哲学家的关注点和我们现实世界中的哲学问题之间总是存在着一个鸿沟。自从牛奶女工嘲笑泰勒斯掉进坑里开始,哲学家的语言和日常生活的哲学维度之间的紧张关系已成为我们文化基因的一部分。

当然,泰勒斯也有实用的能力,它通过橄榄油市场上的漂亮一仗显示出这一点。尽管如此,哲学家与社会之间的这种紧张关系是一个永恒的事实。当然,最著名的例子是苏格拉底的命运。哲学一直在使外在世界感到厌烦和刺激外在世界之间摇摆。哲学家有时候打开了戈尔迪之结,但又遁入深奥的思辨,这之间存在着一种紧张关系。但是这经常被认为是一种相反的行为,并谴责哲学的不相关性。抱怨哲学无用的人中,哲学家自己占了主要部分。比如,笛卡尔鄙视经院学者的抽象,马克思说哲学的任务是改造而非仅仅解释世界。

如果哲学和城邦的关系一直紧张,或许用某些托词还可以加以掩饰,但它已经不再是一个可行的方法。到 20 世纪,这种紧张状态已经演变为一个悖论,鸿沟变成了峡谷。《苏格拉底的终身教职——21 世纪哲学的建制》对这种变化进行了说明,即哲学为何在沉思与行动之间会丧失创造力,陷入与文化不相关的境地——这是一个最具实践性(如果不是最具有效性)的话题。我们不仅仅是进行批判:我们还提出一种前进的道路,描绘了一幅哲学(尤其是哲学研究)如何在文化中重新获得一席之地。

我们的讨论集中于妨碍哲学的社会相关性的一个最主要的障碍:该研究领域作为"学科"而出现。20 世纪早期的研究型大学对哲学家实行了分科——或者更确切地说,考虑到他们自己观点的有限领域,哲学家自己选择某一学科作为自己的归属。哲学家被安置于院系之中。他们的活动范围是图书馆和教室。他们的写作仅限于专业术语与专业话题。他们为其学科同行而写作,并为其学科同行所评判。

威廉·詹姆士是少数几个注意到这种转变的学者之一。早在1905年,他就对哲学成为"干枯和迂腐的过程"感到惋惜。他对之说了一句:"呸(Faugh)!"年轻一代的哲学家不断地重复着"那些思想陈旧的教授们所写的以前的哲学家已经思考过的问题"(Bordogna,2008),这就是哲学学科的诞生,就像一条蛇,它转身并吞下了自己的尾巴。

然而,这种变化基本上没有引起人们的注意。它们仅仅被视为是实事求是的"严谨的"和"严肃的"东西——该领域的专业化。这促成了一种新的物质文化,从制度层面讲,它把哲学变成一个局部的本体论,而这一事实在悄无声息地进行着,直到今天仍在继续。就像莫里哀(Moliere)那样的绅士,没有人说他一直在平铺直叙,哲学家似乎是无辜的,他们受到了约束。换言之,他们也许有理由反对这一事实。他们活动的领域现在由文本组成;就像库恩所说的那样,他们的工作由解难题或"常规哲学"组成。任何在他们研究范围之外的事情都被当作工作之后的会议晚餐上的"闲话",聆听彼此的论文才是他们的真正工作。诸如被安置在其他哲学家旁边的办公室,他们的毕业生的工作机会,或者私人部门和公共机构的日常工作中的哲学维度等事情,尽管也许是有趣的,但都被认为是真正的哲学事务之外的事情。哲学的制度安排被认为是不值得关注的,它仅仅为纯粹哲学之花的盛开提供空间而已。

然而,这些"平庸之物"以潜在的方式建构和引导着哲学工作的理论内容。它们已经影响了关于严谨的标准、恰当的话题、讨论的风格和合适的受众的定义。换言之,哲学事业的纯粹性和中立性都无法得到保证。哲学领域以一种教条的方式融入了社会和物质条件。哲学成为了20世纪学科文化的产物。

我们寻求复兴苏格拉底的做法。要做到这一点,首先是注意这样一个明显的事实:苏格拉底不是某个高等教育机构的雇员,而是为私人所雇用,以石匠之业为生,而大部分时间都在城邦中闲逛,与形形色色的人进行交谈。第二步是注意这样一个事实,如果苏格拉底换一个名字,他将不会被当今任何一个哲学系所雇用:他从事哲学的方式将会被认为是一种毫无希望的业余活动。苏格拉底被人崇敬,但没有被认真对待。

我们认为这是一个问题。

苏格拉底并不是一直都受人尊敬。在我们的时代,苏格拉底被认为是一个有点古怪的人。但是在早些时候,他被严肃地对待,是人们批判的对象。对他的控告在他活着的时候就已开始(例如《云》);他被指控为不敬神和腐蚀青年,即使不考虑政治背景,这种指控也是貌似有理的。苏格拉底去世之后,对他的批判又增加了许多:亚里士多塞努斯著有《生活》(*Life*),它对苏格拉底的指控被认为是比苏格拉底审判期间原告的指控更为激烈(Morrison 2011)。伊壁鸠鲁派对苏格拉底的批评也有很多,他们质疑苏格拉底所谓的美德不可教的观点,称他为怀疑论者和诡辩家。

柏拉图的手稿随着罗马的衰亡而遗失,苏格拉底也因此在很大程度上从人们的视野中消失。随着文艺复兴和对柏拉图的重新发现,关于苏格拉底的圣徒传记开始增加:密尔是众多把苏格拉底与耶稣——另外一个合法但不公正的死刑判决的受害者——相提并论的人之一。尼采给出了一个伟大的反例。他指责苏格拉底为一个颓废的人,因为他拒绝感觉的真实性,把他的生命奉献于抽象的理论分析:"耀眼的白昼,绝对理性,清醒、冷静、审慎、自觉、排斥本能、反对本能的生活"(*Twilight of the Idols*, section 11)。但是,我们的目标既非神化也非谴责。我们仅仅希望苏格拉底的做法能够被严肃地对待,作为一种哲学生活的可能模式。

学科制度目前已经在哲学与它的社会背景之间筑起了一堵墙。即使当他们的主题对外面更大的世界具有重要意义时,哲学家在他们的探讨中也把非哲学家的积极兴趣和参与排除在外。哲学也许有许多话要对他们的市民同伴讲,但是不会再像苏格拉底那样在广场上给他们讲。这对于一个以"认识你自己"为口号的专业来说是一个莫大的讽刺。没有人对如下做法的效果进行思考：哲学家在学院里从事哲学研究工作，或者可以在其他什么地方工作，如果这样做的话，他们可以对世界做出何种其他解释或者发展出一种进行哲学研究的新方式和标准。当哲学家离开他们的学科栖息地，在其他地方而不是在学院里生活与工作，他们的工作的标准就会改变。因为当你换了一个地方，你的受众就会变，你就要改变何为"真正的"或"好的"工作的标准。

哲学家们曾经意识到，他们的工作不仅仅是并列于其他学科的某一学科。人们认为，哲学除了提供详细的分析之外，还提供加强、统领（capped off）或综合其他学科（如物理学或生物学）工作的视角，并把这些见解整合与我们更大的关注联系起来。这种工作在 20 世纪失去了人们的支持——被分析哲学家斥之为世界观哲学（Weltanschauung philosophy），被欧陆哲学家斥之为基础主义。但是，重新思考这种视角以及相关的问题：如果哲学不是（或者不是唯一的）一种局部的本体论，为何哲学家被安排在大学的一个部门里？为何同行学者是评判哲学工作的唯一标准，而不考虑该工作对世界造成的影响？例如，为什么我们对哲学系进行排名时，只是征求其他哲学家的意见，以及工作于那些所谓顶尖大学学者的意见？为何拥有博士学位的学者只有两个社会角色——给本科生上课与其他哲学博士交谈？

迈克尔·里内拉（Michael Rinella）注意到，在保罗·拉比诺（Paul Rabinow）与迈克尔·福柯（Michael Foucault）去世之前的一次访谈中，福柯表达了他对"应该把问题或（更严格地说）问题化（problematisations）叫作什么"的关注——我们如何决定什么问题可以被问，什么问题不可以被问。里内拉（2011）这样描述：

> 随着时间的推移，一个先前被接受的行为领域演变为一种应该被持续批判的东西，通常与特定的社会、经济或政治进程联系在一起。

在整个思想史上，哲学家没有问过关于他们的学科地位的问题，或者就其研究的社会影响提出一个强有力的解释，而不是停留于批判性思维之美德的老套解释上，这简直不可思议。因此，我们试图对哲学家以前不曾注意到的这一系列问题进行思考。

问　　题

让我们对20世纪两个最突出的思想家的观点进行一个对比：

> 就像有机化学那样，我知道它的重要性，但是我对它并不关心，同样道理，我也看不出为什么外行需要对我在哲学中关心的问题进行关注的原因。
>
> ——奎因

> 当哲学不再是处理哲学家自己的问题的学问，而成为处理人的问题的工具（此工具由哲学家来打磨）时，哲学就发现了自己。
>
> ——杜威

这两个引文反映的不仅仅是两种不同的态度，而是关于如何（以及在哪里，和谁一起）进行哲学研究的两种不同的模式。

1917年，约翰·杜威发表了《复兴哲学的必要性》，这是对哲学在20世纪早期美国生活中的角色的反思。在这篇论文中，杜威认为，哲学已经"偏离了当代生活的主流"，成为专业人员和专家的领地。他痛心疾首地指出，哲学的经典问题不论在过去还是现在都对文化做出了巨大的贡献。但是，当前新兴的职业哲学家所提出的话题却经常"被讨论，是因为这些话题被讨论过，而不是因为当代的生活条件提出了该问题"。杜威不久之后去了中国，在中国的两年时间里，他面向公众发表了近200场关于教育和民主的演讲。他回到美国之后，继续就当时的公共话题发表评论,并一直坚持到1952年他去世。但是从那时起,另外一种期望开始统治哲学共同体。导致这种转变的原因是一个开放性的话题。雅克比(2000)将其归因于第二次世界大战后大学扩张时期学术追求的诱惑。麦坎伯(2001)认为是麦卡锡主义导致的"寒蝉效应"(chilling effects)。莱施(2005)认为这在很大程度上是一个历史意外——那些战争岁月中幸存的人们为战后哲学设定方向。索姆斯(2005)视之为专业化的逻辑结果。我们认为它在很大程度上是无批判地接受制度安排的结果。

但是,无论出于何种原因,在整个20世纪的历史中,哲学越来越多地放弃杜威的道路,而追随奎因的道路,哲学变成了一个公众不感兴趣的技术练习。尽管也有从事(而非仅仅谈论)去学术化工作的哲学家,但大多数哲学家把哲学缺乏对社会事务的参与当作知识严肃性的标志。[1]正如奎因1979年在《新闻日报》的一篇文章说的那样:"一个主要以精神慰藉为目的的哲学专业的学生很可能不是一个好学生。"对奎因而言,哲学不提供智慧;哲学也"没有任何特殊的适合性来帮助……社会"。很难想象哲学会采取哪怕少许的苏格拉底的道路。更令人吃惊的是历史健忘症,这种态度在哲学共同体中一直没有受到挑战。

我们生活在一个全球化的公共领域中,它由科学技术的成果所创造并被不断改进。我们被那些急需哲学审视的事件所包围。这些事件有着难以置信的多样性:自动杀人机器的发明、数字时代隐私的丧失、无人驾驶汽车的引入、气候变化、脸书对友谊关系的重构、生物技术对人类本性的再造。把这些事件联系在一起的是它们所隐含或引发的哲学(伦理的、政治的、认识论的、美学的以及形而上的)问题。

对这些问题进行深入的探索是非常适合的。这些探索出现在众多的书籍、杂志和博客中——诸如《纽约时报》《连线》"三夸克"(Three Quarks),它们组成了当今的"文人共和国"。在这种意义上,正如罗曼诺(Romano,2012)和戈德斯坦(Goldstein,2014)所说的那样,哲学弥漫在我们周围。但是现实的情况仍然存在着误解:当我们带着社会问题向学术界寻求帮助时,我们称之为科学家和经济学家,而非哲学家。当今的美国有15000—20000名经过哲学训练的博士,但是他们主要在内部之间进行交流(当然,也在教室中与学生交流)。事实上,这被视为他们的专业精神的标志。

卡尔·雅斯贝尔斯(1963)在半个世纪以前[在《原子弹和人类未来》(*The Atom Bomb and the Future of Man*)中]就曾注意到,科学、技术与经济已经超越他们自身,技术问题已经转变为一系列的哲学问题。我们的以增长为导向的、物质主义的生活方式已经把我们从贫困中解放出来,但是并没有满足我们最基本的需要。事实上,进一步的经济与科技进步现在正威胁着我们,使我们的生活变得琐碎,甚至有可能摧毁我们。学院哲学家有一套独特的技能与视角来面对这些问题。但是他们却在行动中消失不见了。

学院哲学既有理论方面的问题,也有政治方面的问题。先来看理论层面的问题。以形而上学领域为例,每个哲学系都开设该课程,但是如何来处理该主题呢?在谷歌上输入"形而上学教学大纲",情况仍然是杜威所描述的那样。课程起始于哲学家关心的问题,而不是起始于时代问题。让我们看一下《形而上学牛津手册》(*Oxford Handbook of Metaphysics*, 2003, Loux and Zimmerman)的权威解释。他们的介绍是这样开头的:

> 它的批评者经常把分析哲学描述为反形而上学的。毕竟,我们被告知,分析哲学诞生于摩尔和罗素之手,他们反对像鲍桑葵(Bosanquet)和布兰德利(Bradley)这样的唯心论者的形而上学体系。

这是一个以哲学家为中心的探讨。我们发现这里没有涉及人们的实际生活、没有涉及生与死的形而上问题、没有涉及围绕在我们周围的创新与变化。也没有认识到,形而上学包含了我们生活中一些最紧密和最重要的问题。相反,它是一个以职业思想家和他们的问题为主题的故事:摩尔与罗素、鲍桑葵与布兰德利、奎因与路易斯。

《形而上学牛津手册》的八个部分继续着这种威严的(Olympian)视角:

- 共相与殊相
- 存在与同一性
- 模态与可能世界
- 时间、空间—时间和持久性
- 事件、因果与物理
- 人与心灵的本质
- 自由意志
- 反实在主义与模糊性

章节的标题对非专业人员而言是一种障碍:"随附性、突现、实现、还原"和"相容论与不相容论"。请注意,我们并不是说这些文章所讨论的话题是重要的,而是说,它使哲学专家从学科的外壳中提取出存在意义的内核。显然,为我们日常生活世界的普遍问题奠基已经不是当今哲学家的职责。因此,哲学家用"红色"而非"白种人"(Caucasian)或"性别"等词语来探讨问题。黑格尔认为,哲学之梯需要延伸到人所在的位置,或者哲学的抽象是由最深层的存在问题所激发的,上述观念发生了什么变化?难怪如此多的哲学家不关心生活,这证实了他们关于哲学与日常生活无关性的偏见。

哲学家的工作从内部话题开始,然而每天的新闻中却充满着形而上学问题。一份最近的报纸文章报道说,一个病人吃下了含有可吸收性芯片的心脏病药丸:该芯片把她与其电脑联系在一起,以至于她和她的医生可以看到她是否已经吸收了这些药物。该报道还描述了即将上市的纳米传感器,它将存在于人的血液之中,能够探测到心脏病发作之前的信号。这些问题都属于"存在与同一性"的话题,这是《形而上学牛津手册》的一个部分。此处紧要的问题不仅仅是新的物理仪器的使用,也是关于自我的本性以及机体与机器之间的边界的问题。洛克斯和齐默尔曼没有在该部分关注我们不断增长的类博格(Borg-like)存在,只是把它当作一个学术争论来对待。

但是如果问一个哲学家为什么这些范畴是重要的,或者它们如何与我们的生活发生关系,这将让发问者带上一个不严肃对待哲学的标签。如果它不是教条的也不是自毁性的,这样高调的轻视将是可笑的。你可能会认为,身处存在主义和现象学传统的欧陆哲学家会对世界呈现出一种不同的面貌。但是,他们在实践中也表现出自己的学科化病态(disciplinary pathology),主要表现在对主要思想家的衍生性(derivative)诠释中。海德格尔批评哲学忘记了存在,但是在现代研究型大学中,他自己以及他的追随者却没有把这种观点应用于人生——从制度上讲,哲学本身变成了一种局部的本体论,忘记去反思它自身存在模式的问题,作为哲学家之间的一种自我指涉(self-referential)活动。

哲学模式 2

正如我们中的其中一位在别处已经指出的那样(Frodeman,2013),"跨学科性"的广泛社会意义在于,任何学科现在都需要面对更广领域的同行为它们自身的存在进行辩护。因此,在《知识的新生产》(*The New Production of Knowledge*,1994)一书中,吉本斯(Gibbons)等人记述了 20 世纪晚期知识生产从"模式 1"(Mode 1)到"模式 2"(Mode 2)的转变。模式 1 是传统的学术的、研究者驱动的、基于学科的研究。模式 2 在本质上是情景驱动的、聚焦于问题的、交叉学科的(更准确地讲,跨学科的)。借用该术语,我们要做的是发展出一种哲学的"模式 2"。

毫无疑问:我们在这一点上是多元主义者。模式 1 或学科式的学问可能继续在哲学中扮演核心的角色。正如基切尔(Kitcher,2011)所说,当今哲学有许多重要工作正在进行:

具体科学——不仅是物理学和生物学,还有心理学、经济学和语言学——的哲学家,都在关注焦点领域的未来演变,有时也涉及对公众产生广泛影响的问题。一些政治哲学家正在探索现代民主的条件,特别是多元文化社会中出现的问题。规范伦理学领域的探索经常涉及由新技术引发的具体挑战,或者全球贫困问题。社会认识论已经采取了一些初步的、试探性的尝试。越来越多的思想家开始思考种族、性别、阶级等问题。

那些出于自身兴趣的工作,随着时间的推移,传播到其他学科以及更大范围的文化之中——我们称之为"渗透模式"(trickle-down model)。但是社会参与性的工作需要受到同样的重视,并作为上述努力的补充。不是对社会问题进行评论,而是在现实中实际出现,与非哲学家一道参与到正在进行中的日常活动之中。在某种程度上,这仅仅是认识到一种新现实的问题,社会要求学者们证明他们的广泛相关性。哲学需要通过展示如何对当代的讨论做出及时有效的贡献来证明自己的真诚。但是这也意味着认识到一个基本事实:哲学需要更多地走向户外。阳光会为它带来益处。

这种转变并不容易。它需要对之进行严肃的哲学思考——如何进行快速反应的哲学实践,如何打磨自己的修辞表达。为了达到这一目标,与政策研究进行一个对比将是有益的,该领域是哲学的一个盲点,根据我们的经验,哲学家甚至都不知道这个领域的存在。当被告知时,他们经常转移他们的话题,就好像它们已经由社会和政治哲学所解决,或者仅仅认为它们是由"官僚主义"或"激进主义"组成的。这是一个严重的错误。政策研究已经占据了一个重要的位置:坐落于学院,但却定位在学科与广阔的世界之间。该领域关注的是,如何做出决策,以及如何在制定政策时采纳(或不采纳)知识。哲学如果想在参与社会上获得成功,需要在一定程度上把政策研究的视角整合进它的世界观(Frodeman and Mitcham 2004)。

政策研究探讨科学研究如何转化为社会进步或"影响"。在整个冷战期间,该问题的答案是:这基本上是一种机缘巧合(serendipity)。1945年,《科学:无尽的前沿》(Science, the Endless Frontier)这本小册子被呈送给杜鲁门总统,它是应富兰克林·罗斯福总统的要求而完成的。万尼瓦尔·布什(领导了战时的科学研发活动)认为,基础研究是社会进步的基础。我们知道科学会改善社会,但是我们不知道哪种研究将会带来改善。没有办法预测事情的结果。因此最好的办法是推动尽可能多、尽可能广泛的基础研究,相信总有一天它会给我们带来回报。这种机缘巧合的信念使得科学家把责任的领域变得很窄:他们的工作是做出高质量的研究,由他们的学科同行来评判。研究结果随后"被抛向社会"——这是一个我们在与美国地质调查所合作期间经常听到的一句话。研究的应用并不是他们的责任。

哲学也采纳了这种制度假设。用布什的话说,如果哲学不是"自由理智的自由游戏,研究他们自己选择的主题,按他们自己的好奇心的方式进行",哲学还将剩下什么呢?这里存在着一个同样的主导假设:在某种程度上,这些发表在同行评议的哲学期刊上的研究成果终有一天也会以某种方法回报社会。哲学是一种长期的游戏,改变概念结构并以新的概念取代之。这不是可以仓促完成的工作。这种相信偶然性的哲学家已经清楚地表达了这种"渗透模式"的哲学是如何使社会受益的。但是它仍然只是一个心照不宣的信念而言。

这种信念已经不再充分。在联邦政府层面,预算削减以及对公共领域不断增长的敌意,已经导致国会对个人研究资助甚至整个研究计划的攻击(美国国家科学基金会下属的社会科学理事会的命运悬而未决)。这也促使人们尝试通过发展文献计量学、经济分析和替代计量学(Altmetrics)(一个我们一直在研究的话题)对研究的广泛影响进行测量。但是,当这样的问题已成为政策研究中的热点话题,哲学家和其他人文学者还仍然相信包含在模式1的学科研究的机缘巧合模式。他们还没有认识到情况的变化——或者如果注意到,把它们视为有趣的理论工作的机会,同时也可能产生重要的实际结果。

现在是时候提出一种类似于科学政策的"哲学政策"或人文政策了。事实上,我们相信这已经开始发生。虽然模式1哲学仍然是支配性的正统,一种正在增长的反向运动在哲学家中间开始出现,有时候被冠以"公共哲学"的头衔。我们称自己的模式2版本的哲学为"田野哲学"。目前在如下的领域之中存在着许多类似的进路,在环境正义、批判种族理论、女性主义和生命伦理领域中存在着许多类似的进路,我们把它们视为盟友(第六章)。我们把这些多种多样的进路称之为模式2哲学。但是我们认为,缺乏对哲学的制度维度的思考将会让这种工作的效果受到限制。一旦我们打破学科标准对哲学的束缚,一种新的哲学实践——哲学家实时地与各种受众和利益相关者一道工作——将会为哲学带来一种新的理论形式和制度形式。

我们的共同体

考虑到这些目标,我们在头脑中为这本书设想了多种类型的读者。对于管理者、科学家、工程师以及其他哲学学科之外的人而言,我们的目标是发展出一种哲学,来消除人们以前形成的哲学家作为钻牛角尖的、边缘化角色的观念。对于哲学家而言,我们的目标是为理论思考、社会参与和就业创造新的机会。很多时候,当哲学家迫于压力而参与到现实世界的问题之时,他们会遇到一系列棘手的理论和实践问题,而没有资源可以帮助他们。我们希望此书,即使不能提供一套最佳实践,至少也能够作为一种参考来为这些挑战提供背景,并作为推动建立一个持久的实践者共同体的手段。在缺乏一种自我反思的共同体的情况下,模式2哲学的实验将仍然是一系列的一次性活动。对当前的学科现状不满的孤立个人将会重复性地发起替代性的哲学实践。教训将会被吸取但不会被分享。这样将会落入本来可以避免的陷阱,哲学家可替代的职业路径将仍然处于边缘。

毫无疑问:这将使哲学共同体对模式2的哲学实践进行制度化。就现状而言,非正统的实践者(不管他们自己是否认同)从事着一种与他们意愿相悖的职业生活。按照琳达·阿尔科芙(Linda Martín Alcoff)的说法,许多的模式2哲学家努力"在回应社会需要和就业生存之间小心行事,破除学术地位的限制,并试图通过传统方式建立起社会对他们的信任"(Alcoff, 2002, p. 522)。正是这些"传统方式"需要改变。我们需要一种这样的哲学:对社会需要的回应——而不仅仅是学科兴趣和命令——是个人职业的有机组成部分,并被认为在学术上是值得尊敬的。

这就是我们弥合哲学与社会之间的裂缝的方法。这将要求一系列的制度变革,从修改课程体系到职称评定标准,再到关于优秀和影响的替代性指标。当这些变化付诸实施,考察这一裂缝已经被弥合到何种程度将是一件重要的事情。毕竟,我们并不想完全把哲学与社会融合在一起。哲学仍然是一种沉思性的活动。苏格拉底投身社会,但仍然是一个旁观者。他并不是一个想要在Facebook上发表最离谱的声音并获得最多"赞"的权威专家。我们需要一种大众哲学,并保留不受欢迎的权利。

但如果这是一本为哲学家写的书,我们承认对这部分特殊的读者有些担心。哲学家们还远没有意识到他们需要从其错误中被拯救的必要。我们发现自己处于这样一种尴尬境况之中:为我们的同行提供一种摆脱危机的方案,而他们压根就没有意识到这种危机的存在。那些在终身教职上安稳生活的哲学家,长期以来因他们对其学科的虔诚而获得报酬。他们是安全的,他们没有心情去做出改变,这种改变会让他们的工作看起来不够严肃而遭受打击,并且与他们一直欣赏的学科优点相冲突。

不过话说回来,也许哲学家们已经开始意识到我们所面临的严峻挑战。2015年在"莱特报告"(Leiter Reports,一个著名的哲学博客)上进行的一个调查[2]问道:哲学专业面临的"最紧迫的十件事情是什么?"

一共有725个哲学家进行了回应。他们最为关心的四件事情是：(1)"糟糕的就业市场，终身教职岗位的减少，对兼职教师不断增加的依赖"；(2)"国家削减对高等教育的资助"；(3)"高度专业化和／或哲学对一般公众／文化无关性的增加"；(4)"对终身教职的侵蚀"。正如一位评论者关于调查所引发的讨论所说的那样(Arvan,2015)，很少有人指出我们能做些什么或应该做些什么来应对这些最为紧迫的挑战(一个显著的事例是，尽管排在第十名，大量的讨论却集中在性别平等这一已经引起公众注意的问题上)。我们写这本书是想作为一个催化剂，让我们在这样一个时代——学术职位前景惨淡、预算缩减、责任增加——思考和从事一种新的哲学。

尽管如此，我们还是意识到，会有大部分哲学家认为它是古怪的，少部分哲学家会认为它是陈旧的，在这两类人那里，我们的观点不会得到认同。例如，我们的一个建议是，哲学家需要在生物学、化学系和工程系工作。大多数哲学家认为这是难以接受的，甚至是疯狂的。但是也有少部分哲学家指出，他们已经在其他部门愉快地生活和工作了。我们对这少部分已经在实践模式 2 哲学的人的答复是，将这种替代性方案制度化是一种能够改变一切的改变。模式 2 哲学需要从一群非正规军变为一种合法的制度存在。我们对那些多数派的答复是，他们没能看到他们的职位实际上是多么的危险。变革之风正在吹起(只要问一下那些正面临着严峻的学术就业市场的研究生即可)。在缺乏十亿美元捐赠的机构中，学科之正统地位还能坚持多久？

我们非常想澄清一个误解。这里的论点有时候被认为本质上是唯利是图的、功利的或庸俗的，成为俘虏或者对哲学中所有美好的事物的诋毁。我们认为这种认识有两点错误。首先，它没有意识到，实现哲学与公共领域的融合也有其美好之处。至少苏格拉底是这样认为的；当然还有莱布尼茨、马克思、罗素和杜威也会这样认为。哲学并不是一朵易碎的花朵，不能经受一点点的打击。其次，公共领域自身也有问题，急需更多的沉思活动。作为向内聚焦(inwardly focused)的牺牲品，学科化的哲学缺乏——在现场、在媒体上——对生活中的沉思要素进行辩护。把哲学引入公共领域提供了一个强调除经济之外的功用的机会。参与式哲学家不必把自己出卖给功用。他或她也可以重新定义它。

注 释

1. 关于"和……一起工作",我们的意思不是指"公共知识分子",它甚至更为亲力亲为。我们还将对我们的进路与应用哲学的进路——它更多是"表述"问题,而不是与人们一起工作去解决问题——进行区分。

2. http://leiterreports.typepad.com/blog/2015/03/readers-identify-the-most-impor-tant-issues-in-the-profession.html.

第二章　事情的境况

我们的进路并不是一种创新,它拥有悠久但被人忽视的谱系。苏格拉底实践着一种情景化的哲学(situated philosophy),穿行于社会之中,只要一有机会,就会不懈地进行思考。这是一种不稳定且危险的活动,但与生活世界发生着关联。今天的学院哲学则要舒服得多,但它脱离了与社会的联系,忽视了它的先辈们的做法。

柏拉图的《理想国》对学科化哲学进行了前卫的(avant la lettre)批评。在第二卷的开头,苏格拉底把前面的谈话称为序言(pro-omion,前面的道路),在转向主要的讨论之前这项工作是必需的。第一卷回答了每一个哲学思考都要事先面对的问题:在一个给定的情景中,哲学思考在多大程度上是可能的?因为每个人必须有进行哲学思考的机会。在第一卷中,苏格拉底要么说服要么逼走了克法罗斯、波勒马霍斯、色拉叙马霍斯,他们是那些以虔诚、传统和自我利益为生活根基的人的代表。此处重要的是,苏格拉底需要认清并应对这种情景,而不是随便就开始自己的思考。在现实世界中,哲学家经常发现自己被一个或多个这样的因素所限制。

因而,哲学家的任务就不仅仅是提出一种见解,而是还要决定在思考变得不可能或产生反效果之前,对给定情景的哲学思考可以进行到何种程度。但关键是,"学院"(department)这种制度建制允许哲学家忽略这种要求。学院对哲学的唯一要求是那些平常的事务:研讨班或学期的长度、字数统计或者页数限制。在学院之外，即使我们抛开令人生畏的情况，在碰上个人偏见或政治偏见、不合逻辑的推论、个人攻击以及时间或金钱上压力之前，即使是善意的人们之间的辩论，也很少进行几个回合。

学院是一个几乎不存在这种担忧的空间——这是一个我们生活中由衷欣赏的奢侈品。但是它不应该遮盖这样一个事实，就像封闭的科学实验一样，学院在很大程度上看到的是一个不真实的世界。

危机主题

正如我们已经说的那样，《苏格拉底的终身教职——21世纪哲学的建制》讨论理论和实践两个层面的内容。在理论层面，我们认为，学院哲学已经背离了它的本性，成为一个只有专业哲学家感兴趣的、没有必要的专门活动——即使世界充满了蕴含着哲学维度的问题。我们要做的是——主要是第三部分的内容——把从事哲学的交叉学科和跨学科的方式制度化，我们称之为"田野哲学"。

但是我们的任务不仅仅是为当代哲学的缺陷提供一种理论的解释。紧接着，我们还对迫使哲学家采取这种新的跨学科方式从事哲学的外在力量做了进一步的描述。本章集中展示了关于哲学专业现状的数据以支持我们的观点。当然，数据很少能够迫使人必须做出决定或改变主意。但是它确实能够为读者提供另一种认真地对待我们的进路的理由。

围绕着哲学以及整个人文学科的危机主题已经成为一种常见的话题。此类文章经常出现在主流媒体［《纽约时报》(*The New York Times*)、《大西洋月刊》(*The Atlantic*)、《高等教育纪事》(*The Chronicle of Higher Education* "*Review*")］、博客空间（"三夸克""科学沙龙"）以及学术文章和专著［基切尔的《哲学内外》(Kitcher's "*Philosophy Inside Out*")、努斯鲍姆的《非盈利》(Nussbaum's *Not for Profit*)、多诺霍的《最

第二章 事情的境况

后的教授》(Donoghue's *The Last Professors*)］中。我们也为该话题贡献了自己的力量(Briggle and Frodeman, 2011; Briggle, Frodeman, and Barr, 2015)。

人们对哲学的诊断采取不同的形式,并在不同的层面上展开。第一组观点是哲学系的学生所熟悉的:哲学家宣布哲学革命的必要性。这种立场在21世纪的代表是海德格尔和维特根斯坦,例如,维特根斯坦声称"他是为当今那些以不同方式思考的人进行写作,从现在的人那里呼吸一种不同的生命之气"(Malcolm, 1958)。这是一种哲学长久以来所具有的特征。因此,笛卡尔在《方法论》中说道:"关于哲学我只能说一句话:我看到它经过千百年来最杰出的能人钻研,却没有一点不在争论中,因而没有一点不是可疑的。"哲学经常处于危机之中,由下一代的哲学家来拯救。

第二组关注则更多地聚焦于社会层面,因为哲学家们担心其领域的地位。詹森·斯坦利(Jason Stanley)的"哲学的危机"——2010年发表于《高等教育界》(*Inside Higher Education*)——表达了其他人文学者对哲学家的失望,抱怨其缺乏公众的认可,这反映在麦克阿瑟天才奖等指标上。发表在《哲学烟客》(*Philosophy Smoker*)上的文章反映了就业市场惨淡的状况,或哲学缺乏对种族与性别问题的关注,并对之给予了警告。《日常理性》(*Daily Nous*)则表现出对"哲学价值"更为积极的理解,上面有许多支持哲学研究的数据与叙述。

第三组忧虑则更接近我们的担忧——关于高等教育行业崩溃的末日预言,尤其是对哲学的批评。内森·哈登(Nathan Harden, 2012)注意到在线教育的破坏性本性,预言"如果不是更早,50年之后,美国目前正在运营的约4500所学院与大学将会有一半倒闭"。像斯坦福大学和鲍登学院这样捐赠充足的精英大学将会发展得很好,但是大多数不太知名的学校将会受到在线教育的威胁。对于那些想从某个定向型大学获得学位,他们不会为了一点儿小的花费而拒绝麻省理工或哈佛的在线教育课程。

此外,还有对哲学的攻击:科学家认为哲学已经被科学超越,政治家认为哲学是在浪费纳税人的钱。物理学家的轻蔑态度最甚:奈尔·德格拉斯·泰森(Neil deGrasse Tyson)把哲学描述为一种"能够真正让人混乱"的东西;弗里曼·戴森(Free man Dyson)称哲学家为"在历史上是不重要的"。在政治方面,北卡罗来纳州州长帕特里克·麦克罗力(Patrick McCrory)对州立大学应该培养哲学博士的观念进行了批判(Kiley,2013)。佛罗里达州州长瑞克·斯科特(Rick Scott)呼吁公立大学削减掉那些使学生拥有"较低就业前景和工资待遇"的专业。美国参议院和总统候选人马可·卢比奥(Marco Rubio)把哲学教育的缺陷带到2016年总统竞选中,声称"我们需要更多的电焊工和更少的哲学家"。类似这样的攻击使哲学专业处于防御境地之中,虽然我们还不是很清楚哲学系的毕业生是否就比其他专业的学生在工作上做得更差。对应于这些批评意见,哲学在形式上为自己做了辩护,比如提供精神训练、对工作有用的技能、为法学院准备生源等。

其他人把这种观点推广到相关的人文学科之中:

> 几十年之内,当代文学系(如英语)将基本绝迹——它们将和古典文学系今天面临的情况一样,也就是说,完全没有活力。只有少数富有的机构能够供养那些致力于手写和印刷文本研究的学者的奢侈。沟通、修辞/作文和媒体研究将代替英语系的位置。(Pulizzi 2014)

类似地,哲学系也将只剩下批判性思维课程,或者被科学技术论领域熟悉的内容所取代。后一领域至少能够在技术时代为自己的社会相关性进行辩护——尽管一开始是一个有前途的跨学科领域,目前也越来越受限于学科的限制(参见Jasanoff,2010)。

最后值得注意的是,并不是所有人都认为存在着需要解决的危机。马克·嘉雷特·库伯(Mark Garrett Cooper)和约翰·马克斯(John

Marx)在2004年一篇名为《危机、危机、危机》(Crisis, Crisis, Crisis)的论文中,把人文学者视为自19世纪晚期以来"第一流的抱怨者",当时他们反对美国的学院和大学中不断增长的功利主义和科学主义的蔓延。库伯和马克斯对整个"危机"比喻进行了嘲讽:

> 至少一个世纪以来,人们都在证明人文学科中除了危机什么也没有,我们则试图证明根本就不存在危机……我们已经对车尾贴(bumper-sticker)版本的人文学科感到厌倦,对人文学者表现出被围攻的姿态表示厌烦。

库伯和马克斯聚焦于英语和电影研究,为人文学科提供了另一种解释,在他们的解释里,人文学科一直以来拥有大量的研究者,尽管是默默无名的。他们或许强调了他们与日常世界的距离,但是人文学者与任何一种行业都存在着共生关系——无论是20世纪30年代好莱坞的菲茨杰拉德和海明威,还是20世纪80年代广告公司中英语专业的学生,或者为今天的电子游戏制作者服务的文化研究专业的学生。所谓的"危机"只是这种关系的动态本性的标记,随着时间的推移,人文—商业关系发展演变成了熊彼特的创造性破坏的例证。

对职业的看法

在为人文学科进行的辩护中,哲学往往扮演着边缘化的角色。文学通常被比喻为旗手。在《人文学科与美国梦》(The Humanities and the Dream of America, 2011)中,杰弗里·哈珀姆(Geoffrey Harpham,后来成为国家人文中心主任)以美国、哈佛和比较文学(文献学的后续学科)为例讲述了人文学科的历史。柏拉图和苏格拉底被伊苏克拉底[1]取代,后者集中于修辞学而非哲学,人文学科被定义为"对人类生产的文献与人工物的学术研究"。在哈珀姆看来:

人文学科把"文本"作为它们的对象，把人性作为它们的主题，把自我理解作为它们的目标……其他学科提供关于事物的知识；人文学科提供关于人类自身的知识，因此蕴含着比信息更重要的东西。

人文学科专注于人类心灵的培养——通过经典文本来表达，而不是通过对社会、政治、科学和经济秩序的批判来表达。哈珀姆的观点容易让人联想起德里达观点，后者声称文本之外什么都没有。批判主要成为一种审美感知，而非参与世界。

由来自某个具体学科的个人对人文学科的理解经常表现出以部分代整体的倾向：每人都假定他们的领域代表了整个人文学科。在现代大学中，两个最主要的代表是文学和哲学——古典学现在衰落了，艺术史和音乐被归入艺术，历史经常被归入社会科学。就文学而言，英语系教授确实比哲学系教授要多很多，并且他们坚持着自柏拉图《克拉底鲁篇》开始的传统。但是这里呈现的中心观点是，研究型大学的学科结构如何从哲学发展而来——或者更确切地说——如何取代了哲学。在19世纪美国的大学里，希腊语、拉丁语、数学和修辞学教育要配合长达一年的、由大学校长教授的道德哲学教育才算完整。哲学的这种角色已经结束，哲学现在仅仅是并列于其他学科的一个学科而已。

正如杰拉尔德·格拉夫（Gerald Graff）所注意到的，虽然英语语言文学系在某种方式上延续着语言学的传统，但它也是研究型大学的某种创造。第一个学院可以追溯到19世纪80年代。格拉夫的著作《文学的建制史》[(*Professing Literature: An Institutional History*) 1987年首版，2007年再版] 提前预见到我们的几个主题。他关于他所谓的领域覆盖模式（field coverage model）的解释对于理解学术生活的社会学是必不可少的。在领域覆盖模式中，学院是由研究领域与论题构成的。如格拉夫所说，这种进路的最大优点是使学院在本质上成为自我调节的。这相当于在双方当事人之间建立一种互不侵犯的条约：我不会质疑你是如何教弥尔顿的,你也不会质疑我是如何教维多利亚文学的。这使得学院可以不像企业实体那样发挥作用,而是一个独立个人的联合体,他们偶尔会聚合在一起来行使集体的功能。这个体系是为了避免提出任何关于其自身机构结构的后勤问题之外的问题而构建的。

其结果有其优势所在。例如,领域覆盖模式使学院增加一个新的领域或论题(例如,女性主义或生态哲学)相对容易。它让这种想象成为可能:某一天某个学院会聘用一个田野哲学家(field philosopher)。但这也意味着,把一个学院重组为一个整体,最终创建一个有着明显不同的目标和进路的博士点,几乎是不可能的。所有教员有一点是共同的,那就是他们自己的个人利益——这一理由足够使他们联合起来反对任何明显背离学科现状的做法。这凸显出我们讨论的话题的重要性,外部环境迫使建制结构做出改变,但仅凭内部压力是不会使它发生的。

领域覆盖模式还有助于描述科学如何从哲学中产生的方式。历史上首次使用"自然科学"这样术语是在 1833 年,使用者为威廉·惠威尔(William Whewell)。在此之前所使用的术语是自然哲学,这一术语具有多意性。物理科学在 19 世纪六七十年代获得了快速发展,现代研究型大学建立了相关专业、院系和专家。与此同时,七门社会科学从道德哲学中演化出来。自然科学和社会科学目前把知识界分为两个世界,每一个世界拥有自己的一套局部的本体论。哲学所扮演的角色是把知识视为一个整体,这种角色被达尔文对自然神学的解构所削弱:已不存在什么整体,至少在把知识相加组成一个更大的意义来统一自然和社会领域的意义上是如此。也就是说,自然哲学已死——这与环境伦理形成了鲜明的对比,现如今它是成为一个很大的对局部感兴趣的专家领域——意味着哲学霸主地位的终结。

这种制度变迁提出这样一个问题,即对哲学将会造成何种影响。一些人认为该领域是一个不合时宜的事物,注定会被时代淘汰。相反,由于实证研究的重点在很大程度上转向了社会科学,并且随着物理科学的兴起和设计论的消亡,哲学与自然界的联系也中断了,对设计的讨论的终止,哲学变成另外一种局部的本体论,主要关心逻辑和科学哲学。

当然,也有哲学家对目前的现状保持乐观,他们只看事情的积极面,他们认为有关学科的问题是一个边缘性问题。事实上,资助在减少,至少在州层面上是如此,毕业于弱小学位点的研究生面临着困难的就业形势。但是,这只是那些能够幸存下来的胜任者所面临的不好局面中的其中一个。超负荷的教学任务将会成为合法化的,这都是因为那些不明智的管理者和议员,尽管这也将会是那些差一点的学校的主要问题。但是,理论工作——哲学跳动的心脏——从来没有更为健康过。我们生活于一个哲学黄金时代——当代哲学著作的微妙无与伦比,出版的机会多多,毕业生的质量史无前例。因此,

> 不像人文和社会科学中的大多数学科那样——它们近年来受到来自糟糕的法国哲学的诱惑而被愚蠢的"后现代"理论所迷惑,这使他们成为嘲笑的对象,使他们的研究成为不相关的事物——分析哲学蒸蒸日上。分析哲学为何如此健康的部分原因是——正如杰里·福多(Jerry Fodor)在最近的书评所说——哲学家不再倾向于拥有哲学。我们不再把我们的生命用于发展综合的哲学或伦理体系。(McMahan,2009)

类似于这样的乐观看法被终身职位制度所加强,虽然它同时也显示出学科的阶层结构。

著名高校里的一些反对者也与我们的观点比较接近。纽约大学的皮特·昂格尔(Peter Unger)在他 2014 年出版的《空洞的观念:对分析哲学的批判》一书中,对当代分析哲学的自负进行了抨击。哥伦比亚大学的菲利普·基切尔把当代哲学家比作音乐家,他把时间花在"为四颤音(Quadruple Tremolo)添加一个额外的颤音……一个把自己描绘

为专家的小团体"（Kitcher，2011）。但是这些作者把学科问题当作一种个人嗜好或者知识思潮。还没有把此问题当作一种本质上是一个制度问题——大学结构和理论化模式交互作用——来思考的迹象。类似地，蒙塔纳大学哲学家阿尔伯特·伯格曼（Albert Borgmann）写道，哲学家最大的问题是他们没做的事情："他们遗留下的没做的事情是令人困扰的，这就是他们没有意识到和克服他们从公众话题中被隔离或排除出去"（Borgmann，1995，p. 304）。但是他没有指出这意味着什么。在公共话题中扮演更重要的角色，哲学家将如何做呢？主要为自己学科的同行来发表著作和论文一定不是应对之策。伯格曼在如何发挥影响的可能道路上没有给出建议。

布鲁克·库克里克（Bruce Kuklick，2001）把问题归结于受众问题，这一点与我们的判断最为接近。他指出："安坐在大学体系中，即使拥有很少的受众，一个学科也能存在很久，尽管即使高等教育机构的领导层可能在一段时间之后才会明白。"自库克里克的判断以来，政治形势变得更加严峻。管理者和州立法机构将会为那些数量很小并只在内部进行交流的学者团体提供资金支持多久？

然而，哲学家和人文学者对此却很少关注，他们还是在提供说教，而不是为回应当代现实问题提供解决的思路。把哲学如何帮助科学家的工作作为主题的研究生课程存在于何处呢？我们到何处去寻找哲学家或其他人文学者对评价学术工作的量化指标的批判呢？或者提出一种可替代的界定优秀成果的标准。有个别人文学者在思考这些问题（例如，Newfield，2011），但还远远不够。

忽视的另一个特征是关于哲学的未来的研究和报告的灰色文献（grey literature）[2]。美国哲学学会的网站上没有任何关于哲学如何对变化的经济、政治和文化趋势进行更好的回应的内容。目前，我们确实能够找到关于无用之用的论述，在这方面，"哲学史"学科可以说是西方哲学中的一个典型的门类。美国哲学学会也发布了一系列情报指南，对非学术职业从业者进行了诸如"去学术化职业？"的调查——尽管始于1999年,"2002年进行了少量更新"。美国哲学联合会还出版了年度"哲学研究生项目"。但是它只包括来自学院的录取数据概况(例如,学生入学率和入学条件)。[3]我们找不到关于哲学行业现状的白皮书。这与现代语言学会形成了鲜明的对比。现代语言学会(MLA)召集了许多学者,发表了许多关于英语行业现状的报告,力图理解英语如何回应变化的社会动力机制(例如,MLA,2014)。这些分析通常停留在对经济关注(我们如何为研究生谋求工作?)的层面上,而非提出现代研究事业本身的存在理由的问题。但是他们至少在正确的方向上迈出了一步。

这一切导致了一个不合理的结论:对于一个关心时间和历史——至少从黑格尔开始——的学科而言,学院哲学在它的制度方面采取了一种奇怪的与历史无关的方式。科学哲学的课程数量大大地超过技术哲学的课程数量,即便目前的学生每天与后者相接触而非前者。逻辑学课程依然是基于文本,而没有探索图像和视频的逻辑。哲学中反复被问及的问题将永远不会过时——没有柏拉图,哲学还是哲学吗? 但是没有对更加创新和创业学术文化的培养,哲学研究(以及一般的人文研究)很可能会越来越受限制,以至于只剩下少数知名的机构来资助只有一小撮专家出于其自身兴趣而进行的奢侈的知识生产。

总之,对于围绕"危机"的所有骚动而言,很少有哲学层面的努力来理解哲学的当前境况。这一点很容易被误解,所以请让我们说得更清楚一些。当然,哲学史中有大量的文献探讨了哲学观念如何影响社会及如何嵌入社会情景之中。并且,哲学家也不断地努力(最明显的是应用哲学,以及其他许多亚领域)让哲学之光照耀在这种或那种当代问题之上。尽管它们也很有价值,但是与我们的观点却存在着本质的不同:理解当前的制度结构如何使哲学没有在社会中扮演一种更有活力的角色。哲学家们也礼节性地提及哲学家与城邦之间的紧张关系,并把苏格拉底当作一个典型的例子。但是很少有人对试图把哲学嵌入一个特殊的语境之中的努力进行解释,描述其成功或失败;或者对哲学家与公共领域或私人领域的科学家、政策制定者或工程师和营销商一起合作进行解释;或者对毕业生在美国国家科学基金会或环境保护署实习进行解释。这些很自然地不被视为"哲学"。

主要症状

不管有没有危机,一些人认为整个事情不过是大惊小怪。美国艺术与科学院调查发现,截至 2013 年,人文科学专业在整个专业中只占 7%。哲学专业只占到总数 1% 的一半。如果说存在着危机,它也只涉及少部分人。在美国,整个中学后教育领域中只有约 24000 个哲学教员。[4]

但是这让哲学还原到它的形而下层面(physical footprint)之中。即使今天,在没有清楚地认识到影响的情况下,该团体在社会中也扮演着一个突出的角色。也许为哲学辩护最好(如果也许不是人人都接受的)的方法是采取最简单的方式:社会需要一个群体,他们拥有时间和闲暇来透彻地思考人生意义、拓展我们的道德想象力和挑战习惯等问题,即使冒着被认为愚蠢或被谴责的风险。通过课堂上教师所引发的长久以后才发生作用的影响,以及学问缓慢的教化,这种工作的结果已经渗透进社会。通过我们在此处倡导的那种更加系统化的介入机制,哲学的影响将会更加频繁和直接。

要想抓住学院哲学的主要症状是一件困难的事情。有价值的数据很难获得,其原因在于我们所关注的制度层面的要素还没有引起人们的重视。为了收集数据,我们有时候不得不去查找关于人文学科或更加一般的学术领域的行业动态。或者我们不得不自己进行调查——或许可能被认为是"坏的社会科学",但是我们希望它能够激励其他人来改进我们的工作。

在下文中,我们调查了美国哲学五个方面的指标,这些指标经常在危机表述和关于学界现状的报告中被引用:(a)招生规模与学位授予;(b)教工数量;(c) 博士毕业生的学术就业前景(以及本科专业的工资收入);(d) 学术成果;以及(e) 收益/成本(包括学费、国家资助和学生债务)。

(a)招生规模。评论家们认为人文学科遇到了麻烦:招生和学位授予数量都有所下降,因为学生们转到商业和STEM学科了。例如,《纽约时报》的专栏作家大卫·布鲁克斯(David Brooks,2013)认为,50年前人文专业的数量是目前的两倍(以前占总数的14%,现在只占总数的7%)。另一方面,通过引用几种数据源,迈克尔·贝鲁贝(Michael Bérubé)和詹妮弗·露丝(Jennifer Ruth,2015)则认为,招生规模上的"危机"实际上是虚构的,人文专业所占的比例自20世纪70年代以来一直保持稳定。本·斯密特(Ben Schmidt,2013)注意到:"相比于20世纪50年代或80年代,我们在人文学科中授予了更多的标准化学位。"来自humanities-indicators.org网站的数据显示,哲学专业每年授予的本科学位是过去25年的两倍,从1987年的3534到2013年的7842——其增长速率比学校学生总数增长的速率要高,后者在同一时间段内只增加了50%。

这意味着,关于人文学科招生危机的判断依赖于我们如何对该问题进行建构。危险的做法是在苹果和橘子之间进行比较,在高等教育变动不居的境况中做出评估。社区大学学生数量的增加不能算在比较范围之内,正如兼职学生的增加和性别比例的变化不能算在内一样。而且,像计算机科学这样的专业50年前可能还不存在。知识爆炸、专业增加和高等教育的民主化都对专业的分布产生了影响。面对这些因素,数量的增加不仅发生在美国,而且也发生在英国和澳大利亚(参见Mandler,2015)。

(b)教工数量。贝鲁贝和露丝认为谈论招生规模偏离了人文学科的真正危机,它"不是一个学生消失的问题,而是一个终身教职消失的问题"(第10页)。因此,基思·赫勒(Keith Hoeller,2014)谈到"高等教育的沃尔玛化",他注意到,在过去的38年间,拥有终身教职的教授比例减少了一半。(再次,此处数字变化的部分原因是依据的标准的不同:是否包括由研究生承担的课程——在我们学院,50%的课程由研究生承担——或者是否限于终身教职、讲师和助教)考虑到所有的类型，全职的终身教职教师从1975年占全美教授职位的45%下降到2011年的24%。从1975年到2011年，在纯粹数量方面，全国进入终身教职系列和已经获得终身教职的教授数量增加了35.6%，而兼职（或临时）教授的数量增加了325%（图2.1）。

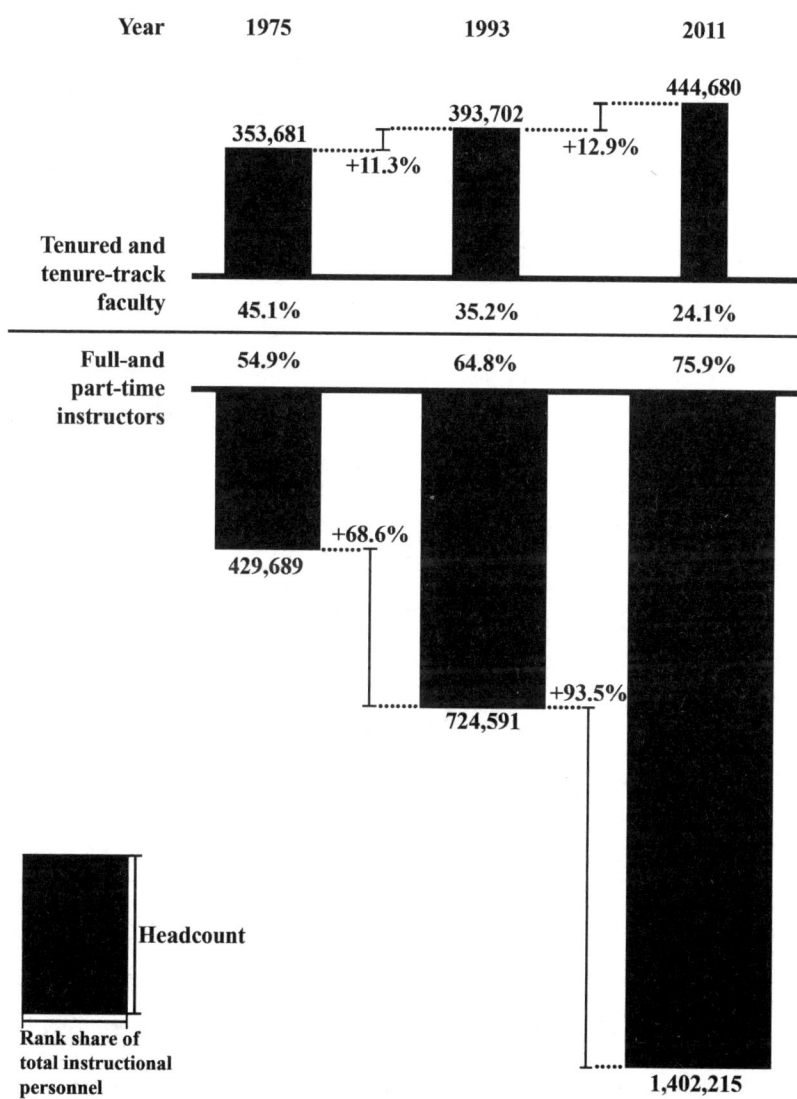

图2.1　教工数量与构成的变化情况

资料来源：美国大学教授联合会（AAUP）。

赫勒用沃尔玛来做比喻,是因为沃尔玛的政策正是这样,把全职员工的数量降到最低限度,同时雇用大量的兼职员工,他们工资低、无福利、无工作保障。在学术界,这是有问题的,不仅在工资待遇方面——如贝鲁贝和露丝注意的那样,而且它表明,学院被认为是通往中产阶级的途径,正如他们为其非终身教职体制内的教工发放"救济型工资"。同等严重的问题是,它侵蚀了教师的自治和学术自由,因为管理者能够更加有效地给处于弱势的、临时的学术劳动力施加压力。自治的衰退因此会削弱大学的核心使命:追寻知识和培养批判思维来为公共利益服务。

(c)就业。劳动力市场动态是第三种明显的指标——学术工作市场。这方面的数据参差不齐:比如,美国哲学学会基本没有收集就业方面的统计数据。同神学院相比,我们从美国哲学学会拼凑整理的数据(包括为哲学家提供的职位的历史数据)甚至没有在毕业生和博士点之间进行区分。它也没有在某一给定年份各种工作之间进行区分——即在终身教职、助理和讲师职位之间没有分类,也没有对趋势进行关注。

有人进行过一次关于哲学就业市场的系统调查(Carson,2013)。它显示出,"排名最靠前的"学院〔如《哲学食客》(*The Philosophical Gourmet*)的排名〕的就业情况很好,例如,耶鲁大学哲学专业91%的毕业生拿到了终身教职或成为了终身教职候选人。但是排在第35位的学校,哲学博士毕业生拿到终身教职或成为终身教职候选人的机会降到了50%,而对于排名第60位的学校,这个比例进一步下降到13%。其余40%的学校(包括我们自己)则甚至没有出现在统计名单之中。[5]

另外一项调查是基于"philjobs"网站2015年发布的职位,按照类型对之进行了重新的分类(Arvan 2015)。分析显示,共有152个终身教职候选人的职位招聘广告,97个非终身教职候选人的。在这两类职位中,需求最大的专业都是伦理学、应用伦理学和科学哲学。实际上,在终身教职候选人的职位中,35 个要求是伦理学或应用伦理学,只有一个职位是语言哲学,一个职位是形而上学。

很少有关于哲学专业本科生的就业情况的数据。然而,PayScale.com 网站对 140 万大学校友的收入进行了跟踪调查,并按专业进行了分类。在所有 319 个调查的专业中,哲学专业排在第 75 位(参见 Lam,2015)。这意味着哲学是人文学科中排名最高的,甚至超过了信息技术、会计与金融、商业与营销等专业。相比于其他人文专业,哲学专业在人的一生中可以多挣至少 650000 美元(参见 Dorfman,2014)。

(d)学术成果。首先考察一下整个学术界的生产率:据估算,2006 年总共发表了 135 万篇同行评议的论文(Björk 2008)。德里克·普莱斯(Derek de Solla Price 1961)估算,学术期刊的数量从 1662 年的一种[皇家学会的《哲学学报》(*Philosophical Transactions of the Royal Society*)]增长到 1950 年的 60000 种。他根据每年的增长率(5.6%,或者每 15 年翻一番)推测,到 2000 年,将会有 1000000 种期刊。实际上,到 2002 年,共有 905090 种期刊获得了 ISSN 刊号。一个稍后的分析(Jacobs 2013)认为,在这些刊物中,约 28000 种可以被视为真正的同行评议期刊。他们还调低了普莱斯的增长率,但是在他们自己对几种数据库从 1907 年到 2007 年的数据分析中,他们仍然发现约 4% 的增长率,以及每 18 年翻一番的事实。成果上的增加折射出哲学博士学位授予数量的增长。(参见图 2.2)

布鲁斯·库克里克(2001)注意到,哲学遵循着这样一种快速增长的一般模式:

> 在 1920 年,美国哲学学会的会员数大约是 260 人;1960 年是 1500 人;到了 90 年代,超过了 8000 人。有人注意到,在 20 世纪上半叶,美国、英国和加拿大创立了 30 种哲学期刊。1950 年到 1960 年间增加了 15 种,60 年代共增加了 44 种——相当于前 60 年的总和,接下来的 20 年又增加了约 120 种!

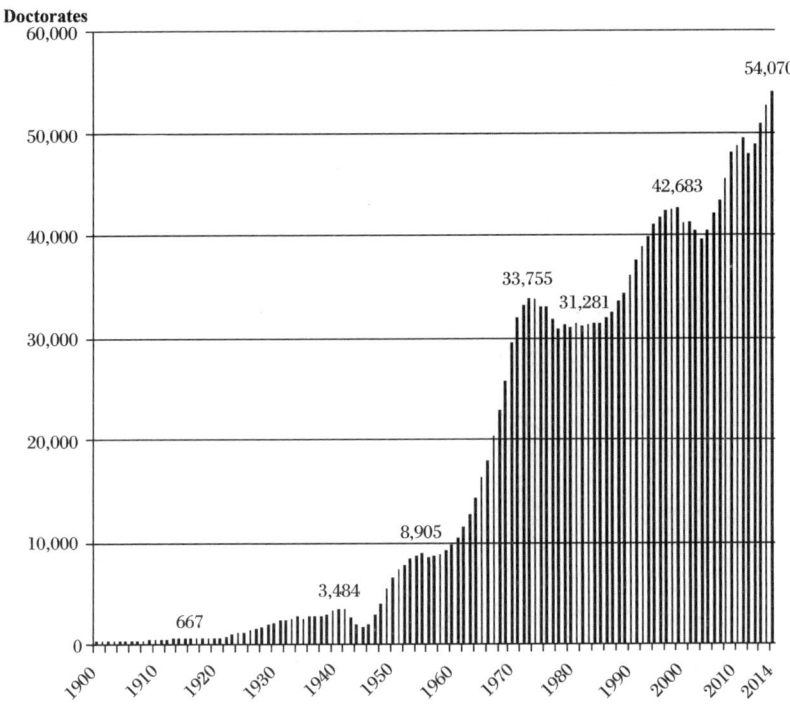

图 2.2　美国所有专业每年授予博士学位的总人数（1990—2004）

资料来源：瑟古德（Thurgood, L.）、古拉德（M. J. Golladay）和希尔（S. T. Hill）："二十世纪的美国博士生：专题报道"（*U.S. Doctorates in the 20th Century：Special Report*, NSF, June 2006）。参见 NSF/NIH/USED/NEH/ USDA/NASA, Survey of Earned Doctorates and Doctorate Records File（1920—2014）and U.S. Office of Education annual reports（1900—1919）。

反映哲学期刊综合指数的 Philpapers 在 2015 年共列出了 1032 种期刊名字。

这是个问题吗？学科化学术的生成过剩不像市场上的商品生产过剩。在商品市场，如果商品没有被消费，接着就会价格下降、供应超额。这会对生产者产生毁灭性（以及矫正性的）的影响。但是在学科经济中，即使没有一个人消费（即阅读）其产品，它们也不会贬值——至少在这种意义上是如此，即它们为其生产者的简历、任期或晋升上又增加了筹码。在其他的市场中，这种情况会以剧烈地收缩告终。但是知识的生产却突飞猛进地发展，除非一种来自外界的因素改变它的动力机制,否则它将会继续。如果州议会看到这些数字以及相应的对学术产出的引用率的不足,我们将会面临由于教学任务的增加而造成的对研究的排挤所造成的破坏。

一些人建议调整教工的评价方式,摆脱把同行评议出版物作为衡量标准的做法(参见 Wittkower, Selinger, and Rush, 2014)。然而,这种改变看起来仍然还有很长的路要走。看一下 750 个哲学院系所执行的终身教职评价标准,它显示出,只有 4% 的院系看重"公共人文"(参见图 2.3)。在我们自己 2010 年所进行的调查中,我们发现,学科之外的努力,即吸引资助的能力、对应用研究的介入或者在哲学期刊之外发表研究成果仍然在晋升标准中垫底(Frodeman, 2011)。

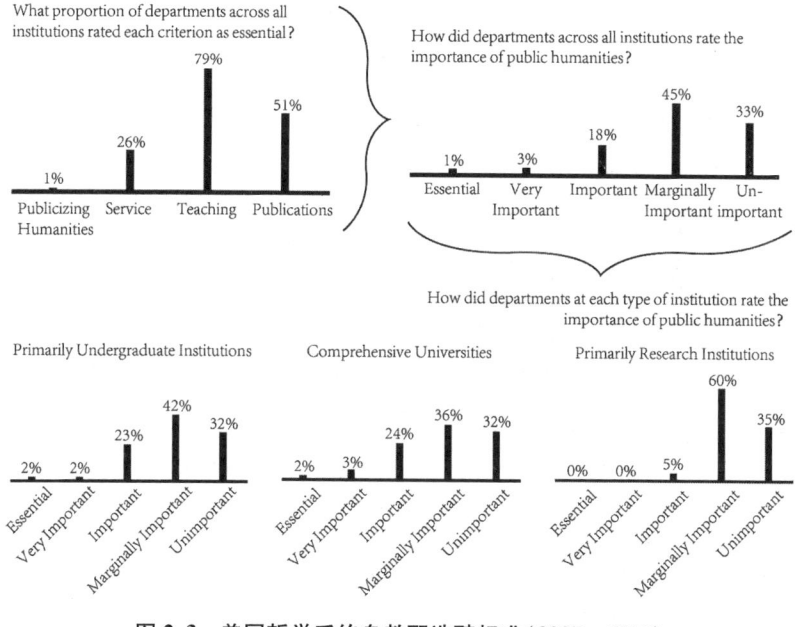

图 2.3　美国哲学系终身教职选聘标准(2007—2012)

资料来源:humanitiesindicators.org。

(e)收益与成本。一份 2014 年的政府会计办公室报告用明确的语言描绘了这样一种局面:"从 2003 年到 2012 年财政年度,公立大学的国家资助减少了,然而学费增加了。具体而言,国家资助减少了 12%,而全部公立大学的平均学费则增长了 55%。"在同时期,大学的费用几乎增加了两倍,其增长速度与医疗保健花费一样。在全国范围内,进入一个四年制公立大学的费用(以定值美元计算)从1984年到2014年增长超过了3倍(College Board,2014)。在某些地方情况还要更为糟糕。例如,在加利福尼亚州立大学系统中,1980年的州内学费是300美元。到2014年,它已经超过了11000美元。截至2014年,科罗拉多大学几乎完全地实现了向私立机构的转变,从国家获得的资金只占其总数的5%。

贝鲁贝和露丝把这种情况描述为一种代际背叛行为:婴儿潮出生的一代人享受了被资助的高等教育的好处,却在他们掌权后改变了政策,减少了对大学的资助。2012年是一个分水岭,在这一年,来自于学生的学费收入第一次超过了国家对公立大学的资助额度[美国审计总局(GAO),2014]。高等教育正越来越变得私有化,越来越以就业为导向,这一趋势让大学的角色变得可疑,在我们的文化历史上,它提供教育,对民主原则进行训练,培养公民。

这种趋势使得学生身上肩负的债务增加。当前学生的债务负担大约为每个家庭34000美元,其总额约一万亿美元,这是1989年的3倍之多。然而,不会有人为之庆祝,这一问题到了何种程度也不甚明了(参见Allan and Thompson,2013)。例如,有人认为,在这段时间内,支出相比于收入还下降了,这意味着实际上债务现在还减少了(Akers and Chingos,2014;Weiss,2015)。学生债务的情况也许并没有像平时所说的那么糟糕,这主要归功于美国最近出台的许多联邦政策,包括基于收入的偿还借款、关于每月还款义务的贷款收集处理系统、扩展的贷款豁免(参见Delbanco,2015)。有人甚至认为,我们正在开启一个"悄无声息的革命来帮助消除学生的债务负担"(Carey,2015)。

改变的必要

这些数字反映出情况的复杂性和矛盾性。尽管如此,我们可以对整体情况给出一个总体性的解释。学生对哲学和人文学科的兴趣依然在本科和研究生层面上保持稳定（如果不是增加的话），但是教工的自治性却被侵蚀了，因为终身教职职位正在减少。助教和研究生在任课教师中的比例正在增加——前者缺少体面的薪水、福利或保障；后者被纳入研究生项目中，获得一个终身教职的希望渺茫——排名靠前的学位点除外。许多研究生学位点发现它们的存在是为低年级的本科课程培养廉价的劳动力——从不关心哲学博士生长远的就业前景。与此同时，研究成果继续在增加，即使社会开始质疑这种学术是否对其他事务有帮助或者带来任何益处。受新自由主义观念越来越强烈的影响，社会对人文研究表示怀疑，转而关注投入的回报的功利指标。社会似乎正在把市场机制应用于传统的与市场隔绝的领域。

  这预示着一个怎样的未来？很少有人知道当前系统的所有碎片是如何融合在一起的。没有人能够在不失去本科生课程的廉价劳动力的前提下取消研究生项目，也不能开设教授们讲授他们自己研究领域的研究生课程。缺少研究生，教授们将会面临更加重的授课负担。一种三层级体制将会出现：一小部分舒服的并享受高薪的终身教职教授处于有声望的位置；大量的教授教导论层次的课程，很少有时间从事研究；一个更大的讲师与助教群体，他们教一门课可以获得 3000 美元——没有任何福利或工作保障。这还没有考虑哲学课程转移到网络上所带来的可能后果。最后还要注意的是，虽然这种体制会距离那些排名前 20 的完善的学位点很远，但是如果处于底层的 1/2 或 2/3 的哲学学位点取消了，他们将如何安置他们的学生？

  尽管未来是不确定的，但趋势线是明确的。对于哲学研究而言，这些轨迹指向一个可能的选择：为一个明显减弱的未来做准备。或者：为哲学开创新的模式，以此来为研究与就业打开新的可能性。

  但是，在全美 110 个上下的博士点中，没有一个明确地为这些变化进行回应。我们可以发现，少部分学位点对应用哲学进行了强调，这一点在下一章将会进行说明。但是没有任何协调性的制度上的努力，去设计可以视作哲学研究的新模式。事实上,这种观点被认为是可笑的:在一种(学科化的)模式中,哲学只分好与坏,严肃的和业余的,它有该领域的专家来判断。这方面具有象征意义的是《哲学食客报告》关于研究质量的单方面的指标,它把哲学的卓越标准归结为简单的数字指标(以十分制来衡量。对该报告的批判性解读,请参阅 Pedersen, 2012)。美国哲学学会或其他机构也没有制定相关计划去更好地追踪哲学专业的基本指数,或者把该专业的未来本身作为一个值得认真思考的问题。

事情已经出现了不好的预兆,为何还很少有人开始行动?问题根源于处于基础层面的社会因素。厄普顿·辛克莱(Upton Sinclair, 1923)在《正步走:美国教育研究》中用一章来说明该问题,称之为"教授的联合",他说道:"无政府主义的态度伴随着知识分子的生活。"每一个教授在课堂上都曾经是最耀眼的明星;每个人都对他们自身的优越感充满自信,并按照他/她自己的方式谋求事业上的成就。阶级意识意味着团结一致,但这没有自然地影响到教授们。人们经常说,学术政治是残酷的,因为利益是如此少。但这是错误的:学术政治经常是残酷的,因为人们缺乏以政治的方式进行活动的动机——为公共利益而相互妥协并合作。这是终身教职制度的可预见的结果,也是领域覆盖模式的结果,在该模型中,每个人都有属于他自己的周期或领域(或更加细分的亚领域),在其中,每个人都是该领域的国王或王后。

哲学家将会发现说服州议会继续资助对康德无数次的注释工作更加困难。我们尽自己所能来致力于哲学事业,我们不能责备非学术人士对哲学的抱怨。哲学研究已经沿着科学的道路被错误地建构——即使今天哲学家还声称要让哲学科学化(wissenschaftlich)。哲学不应该,或者起码不仅仅成为并列与其他学科的又一专门知识。哲学的本性是树状的、野生的、交叉剪接的——让它的双手沾满泥土、改变世界以及它自身。

注　释

1. 雅典爱国演说家。——译者注

2. 灰色文献（Gray Literature）介于正式发行的白色文献与不公开出版并深具隐秘性的黑色文献之间，虽已出版但难以一般方式购得。——译者注

3. http://c.ymcdn.com/sites/www.apaonline.org/resource/resmgr/Grad_guide/gg14_complete.pdf. 诺艾尔·迈克菲（Noelle McAfee），她的博客"回归公共空间：哲学、政治和公共生活"——有大量关于需要一个更好的职业现状的数据库的博文。

4. 数据来自 humanitiesindicators.org。当然，研究生所在的单位需要在美国的研究生学位点排在100名左右。

5. 来自于我们相对年轻的博士学位点的就业情况显示，北德州大学25%的毕业生获得了终身教职候选人的职位。

间奏曲1　哲学的位置

无处不在的哲学

人类是思考的动物,当人类思考之时,即便是模糊的思考,世界也呈现为一个神秘之物。问题就此产生,惊奇也随之出现。然而,许多问题都是琐碎的,要么已经被解决,且我们要做的仅仅是掌握答案,要么没有被解决,但有方法可以应对。但是,有些问题需要反思它是什么或者应该成为什么。对这些问题的思考——不论它起于何处,私人生活或公共生活——就是哲学。

哲学不像其他领域。哲学以一种不同于化学和生物学的方式到处渗透。当然,我们在某种意义上也是一种化学和生物学的存在。但是我们不需要像彻底思考哲学的方式来彻底思考化学或生物学。我们可以只让新陈代谢发生,但我们不能只让思考发生。我们还必须去做。

哲学经常是间隙性的(interstitial),在奇怪的地方和不合时宜的时间突然出现。考虑一下在你的个人与市民生活中相冲突的欲望与责任。如何更明智地使用时间?如何对待她?和他说些什么?何时让某人破产以及何时进行调解?何时以开玩笑的方式作出回应以及何时以严肃的方式?在公共生活中,在医疗保健、人道主义援助和社会安全方面,个人之间互欠什么?如果美是主观的,那么人们为什么都涌入国家公园?在与他人交谈时,我们何时应该进行辩论,而不是以微笑或沉默来作为回应。

唯一一种能够避免这些复杂情况的方式是采取不思的(因此不能称得上是完整的人)生活。这就是让事态和你的角色保持着一种天然给予状态。艾希曼就是这样才让驶入集中营的火车持续前行的。在不太具有戏剧性的日常生活中,这也标示着太多晚上看电视或玩电子游戏的被动性。两种情况都预示着对生活中的机会和责任的逃离。如果世界在辉煌中显现自身的话,我们必须去质问它。我们被要求去拓展我们的道德想象力。机器不会去质问为什么或原因。但是对于人类而言,像机器那些去行动会损害他们的生活。

谁去思考这些问题,谁就是哲学家。我们不会都成为工程师或计算机程序员,但我们都被要求成为一个哲学家。哲学是一个一般性的而非局部的本体论——这就是为什么哲学系是一个如此有问题的提法。但是,哲学的无处不在性并不意味着每个人都能胜任这种思考。哲学问题没有像算术中的那种"正确"答案,但是存在或多或少深刻的答案。为这些问题寻找答案是一个困难的任务。学院哲学家在这方面占有优势,即使他们不一定是天赋最好的思考者:他们接受辩论的训练,他们熟悉哲学概念和观念的历史,他们有时间来收集证据、做细致的思考。大多数人有其他的任务在身,这使他们没有时间来做这种反思性思考。

哲学无处不在,却无家可归

如果说哲学到处出现,那么学院哲学家为何在社会中扮演如此边缘化的角色?

其中一个原因是,困扰社会的问题被认为与哲学无关。在更大的世界中,问题的哲学维度很少呈现为纯粹的形式;它们潜藏在其他问题之中。这使得它们很容易被忽视。我们从经济与科学的角度为问题寻找答案——这些答案不需要我们的精神资源(因此毫不奇怪的是,用于人文研究的花费只占到用于科学和工程研发的 0.5%)。[1] 技术专家在界定问题的本质的时候很少注意到渗透于技术之中的伦理的、美学的和形而上学的问题。因此,经济学领域——以前的政治经济学——用公式来包装自己,这掩盖了它所面对的许多问题中的基本哲学属性。

科学、技术和经济从哲学的开放的提问方式中脱离出来。它们被视为行动的价值中立的工具。这使得人们经常给出这种典型的说法。"对于水力压裂法,哲学可以做什么?"他们在风险、权利和责任事宜上争论不休。或者"对于气候变化,哲学可以做什么?"他们担心干旱和积雪,以及一种从他们生活失去的某种特殊东西的感情。哲学家被边缘化,不是因为哲学没有在场,而是因为没有人看见哲学,并因此没有人邀请哲学家加入。

要理解我们拥有(或应该拥有)一个什么样的社会,我们必须思考体制的目的以及应该被授予的各种各样的荣誉。这样的思考被称为一阶的思考——如果这被认为在重要性而非时间性上是第一位的。哲学是基础性的,但是它经常又是神秘的。你不是首先"使哲学恢复正常",然后应用它或者把它推及到非哲学的东西上。关于意义与目的的问题经常潜藏在表面之下,但随时都有可能涌现出来。

然而,让哲学从后台走向前台也会带来问题。在人类繁荣的意义上,有许多合理但相互之间不一致的观点,它们会被简化为一些相互争斗的教条。人类成长在不安全的环境中,总是对确定性充满着渴望。富有洞察力的思想最终变为教条。如果你没有追随一种综合性的信条,不论是世俗的还是神学的,你的生活将会陷入危险之中。认识到这些,像霍布斯和洛克这样的理论家对善的问题被边缘化进行了辩护。因此古典自由主义由此而生。只要有可能,就把政治问题转变成技术问题;要不然就让人们按照自己的意愿行动。

让善的问题私人化的企图——关于目标与目的的问题——是一种打开社会这个压力锅的减压阀的努力。你可以拥有属于自己的个人的"人生哲学",只要不把它强加给我,就会没事。然而,这种进路越来越显示出其中的问题,因为私人的偏好创造了每一个人的公共现实。我们因此很难选择不使用手机。这类选择的背后同样潜藏着某种承诺。

因此我们接受了经济增长的共同目标,因为我们把金钱仅仅当作工具——我们可以利用它购买任何我们想要的东西。但是,金钱的形式包含着它自身的价值:用"拥有"而非"存在"来定义我们的生活,让人们过一种越来越被光鲜物品诱惑的生活。

善的问题只能在某种特殊条件下才能被转换为私人的事情。我们指的是生态的充裕:有充足的空间和资源让人们做他们自己的事(一个新的世界能够对之提供帮助)。不论是洛克的政治哲学还是密尔的伦理学,都需要建立在充裕的基础之上。现如今,在一个不断增加的有限性的星球上,我们没有选择,只能重新让善的问题"公共化"。以及用一种公共的方式来从事哲学。拉图尔(1991)是对的:我们从未现代过。我们从没有真正地实现善的问题的私人化。

即使公共空间是开放的,哲学家也很少进入

然而,哲学家不只是收缩的公共空间的受害者。即使有施展拳脚的机会出现,哲学家们也很少如汉娜·阿伦特所说的那样"去抓"。实际上,哲学家们不但没有就他们被边缘化的现状进行抗议,还经常把它视为一种避难所和美德。太多的哲学家支持施特劳斯的观点:"哲学家的私心或集体爱好存在于不被干涉之中"(Strauss, 1958, p. 142)。

学院哲学家拥有成为一个共同体成员的集体身份,它主要是由给予他们安身之处和证书的机构赋予的,而不是由他们所讨论的话题赋予的。博士学位是区分真正哲学家和业余爱好者的标志。该标志提供了一个衡量可信度的标准。它给予哲学家一个平台,让他们的声音能够超越大众的嘈杂而被人听到。从理想的角度来看,他可以为大众利益而发出令人信服的声音——这应该正是终身教职制度的要害之处。哲学家所扮演的角色是社会的知识库和道德良心,他具有权威性,但也会出错。

事实并非如此。哲学家很少扮演公共角色。布鲁斯·库克里克认为,这是因为占统治地位的分析哲学把道德与政治问题排除在认知领域之外——只是个人的武断意见,因此不是哲学家应该关心的事情。20世纪许多哲学阵营共有的相对主义——从鲁斯·本尼迪克特(Ruth Benedict)到托马斯·库恩(Thomas Kuhn)——也对参与公共事务怀有类似的厌恶态度。当你对所有享有特权的知识(包括你自己的)都表示怀疑,很难想象你能够在社会拥有权威的角色。因此,社会学家开始寻找标志"主观幸福感"的指标,因为认为某种生活方式优越于另一种被视为一种失礼。

尼采对哲学家有不同理解——他是这样一种人,"向自己企求的不是一个对于科学,而是对于生命和生命之价值的是或非的判断"[《善恶的彼岸》(*Beyond Good and Evil*, 205)]。这种态度与我们的文化传统不一致,我们的传统文化抵制权威主张,从怀疑主义重新回到确定性。然而,哲学家仍然可以发出与众不同的声音。这种声音显示出它与科学中的情形是不同的。不论是自然科学还是社会科学,科学都是用来提供答案的。但是,答案并不是组成谈话的唯一方式。苏格拉底宣告自己的"无知"实际上显示出哲学家的探查、质疑和搅乱事情的技能:拓展我们的道德想象力。在此处,基调是重要的,因为质疑可以是破坏性的。但是,如果精心地锻造,质疑可以开创关于事情的新观念,发现以前认为天然如此的情况中的问题。

根据我们的理解,当代社会的挑战在本性上与其说是技术性的,不如说是哲学性的。但是我们面临着两个相互纠缠的问题:社会远离哲学和哲学远离社会。我们将更加关注后者,但前者也值得认真思考。

注 释

1. 来自人文指标,"'The State of the Humanities: Funding 2014' report", p.4: http://www.humanitiesindicators.org/binaries/pdf/HI_FundingRe-port2014.pdf.

第二篇

学科性及其局限

第三章　应用哲学

对于哲学家来说，让哲学有用绝非易事。某些原因是永久性的。其中一个主要的原因是，哲学家总是怀疑有用的意义与价值。我们认为这种怀疑实际上是十分有用的，这也许显得有些故意作对似的。毕竟，我们希望事情能够对某些事情有用。我们不希望错误的东西有用，或者在错误的方向上打滑时仍然给车轮抹润滑剂。

在这种评论中有一个标准的回应。如果事物给我带来快乐，它就是"有用的"，我是判断快乐与否的首要的和最终的裁决者。当然，这是错误的。事情远比此复杂。我们会首先考察一下我们所说的"有用的"是什么意思，然后转向应用哲学的考察。值得注意的是，我们经常误解给我们带来快乐的事物。我们必须学习欣赏最高级的快乐以及鄙弃那些坏的快乐；两个方面都需要专注和训练。总之，培养幸福的艺术不是一件简单的事情。

人们用能够改变事物来定义有用。这是古老的培根主义传统——知识就是力量；这是海德格尔所谓的我们的生产性的形而上学。当人们说哲学是无用的，他们的意思是哲学什么也做不了：哲学不能烤面包。诚然，我们需要面包；但是我们的需要远远超过面包。所以这种批评是奇怪的，甚至是反直觉的，这是对亚里士多德所说的沉思的背离——一种我们所有人都熟悉的经验，在对日落的欣赏中，在孩子们的音乐表演，或者在晚餐中愉快的交谈中。人生中许多最好瞬间的价值存在于这样一个明显的事实中——它们都不是在生产活动中。[1]

亚当·斯密(在所有人中)偏偏要扰乱我们的分类,他在《国富论》(The Wealth of Nations, 1776)中区分出"生产性"和"非生产性"劳动。生产性劳动"在某些特殊物品或可销售的商品中固定和实现它自身,当劳动成为过去之时,它们至少还能持续一段时间"。非生产性劳动不能做这些——这些服务"随生随灭,要把它的价值保存起来,供日后雇佣等量劳动之用,是很困难的"。音乐家停止演奏,其曲调也随之消失(参见 book 2, chapter 3 for this discussion)。

虽然没有明确地说,但我们可以有把握地说,斯密把哲学归入非生产性劳动。这让哲学家位列于"社会中最令人尊敬的阶层"。法官、律师、士兵、牧师、医生、音乐家,甚至君主本人,都是非生产性劳动者。正如斯密所说,你不能卖掉上一年士兵的服务来购买今年保卫国家的防御。但是,对于斯密而言,这并不意味着这种劳动是无用的。实际上,他用热情洋溢的词语来描述某些非生产性劳动:"荣耀的""必需的"和实际上"有用的"。

生产性劳动在下面的意义上是有用的,即它提供构成国家财富的一年一度的"资金",这是"生活的必需品和方便之所在"。非生产性劳动减少这些资金。但是这并没有让非生产性劳动变得无用。它在另外一个或许更高的意义上有用——既不是生产性的也不是消费性的,而是上述意义的综合。它是所有生产的目的,一旦让我们焦躁不安的"交易倾向"变得更加中和,暂时搁置我们的野心和占有欲。正如斯密所言,非生产性劳动所占的高比例也许是"文明的和繁荣的民族"的主要标志。

因此,一个好的人生需要在生产性和非生产性两个方面都要是有用的。但是这里也存在着另外一个问题。音乐家的曲调不再立即消失。通过记录设备,它现在能够作为"可消费的商品"被保存起来。这看起来原来的分类模糊起来,非生产性的劳动变成了生产性的。这种情况也发生在哲学身上。毕竟,哲学家大量地创作著作、文章和视频

（在书店和付费专区）以及演讲。

就其自身而言，哲学的生产性方面也不是不好的。是的，这可能导致某种狭隘的主义，它们把所有的意义和价值还原为生产效率。但是，它并一定非要按这种方式发挥作用。相反，正如我们下面将要讨论的，危险存在于应用哲学所采取的从事哲学的"银行思维"（banking notion），工作事先做好并存储起来，时刻准备着应用到途中所遇到的某个领域。

应用哲学和一般哲学很容易陷入关于有用和无用的辩证论证之中——有大量的学者来为后者的尊严进行辩护。这是一件憾事，因为我们需要拓展我们关于什么才算作有用的观念。应用哲学的部分问题是它变得太具有生产性——在同行评议的期刊上发表文章——忽视了消失于行动中的"非生产性"努力，与普通公众并肩劳动，帮助他们解决问题。它让"有用"和"生产性"合二为一，而不是把有用视为总是伴随谈话的易逝的和非生产性的劳动。应用哲学总是被认为是对哲学的不相关性的矫正措施，但是它采取了导致哲学在社会中的边缘化位置的同一机制。它是一种生产性的事业，储存大量的知识，但很少被社会所采用。

在他们中间，亚里士多德和斯密强调非生产性哲学的有用性。但是这对现代的苏格拉底而言却带来了问题。你如何评价这样的人——他的负载价值的言语一脱口，随即就消散在微风中？苏格拉底起到了真实的作用——在青年人的头脑中以及城邦性质上——但是他的工作并不是一种商品或产品（实际上，苏格拉底因对写作的批评而名誉受损）。如果我们能够找到一种指标来反映非生产性活动（以及生产性活动的不同形式）对社会的效果，那将会是有益的。

应用哲学的两个场域

当美国国家科学基金于1950年建立的时候，它的使命是清晰的：

为数学、工程和物理科学的基础研究提供资助。对基础科学的资助被认为是等同于"为了公众利益的科学"。没有必要进行任何努力使得研究具有相关性。研究的成果将通过一种自然的渗透过程慢慢渗入到社会之中。直到2006年,美国国家科学基金才意识到这是一个理论问题,足以建立一个专门研究资助的学科(funding programme)——科学学和创新政策——来研究科学见解如何对社会产生影响。

美国国家科学基金的资助最初仅仅对自然科学、数学和工程进行资助。对社会科学进行资助曾被考虑过但最终被拒绝了[2];而对人文学科的资助从来没有被考虑过[3]。然而不到几年,美国国家科学基金于1956年设立了一个小的资助计划来资助历史、哲学和科学社会学的研究。结果证明,科学研究离不开对科学的反思。在现实世界中,问题不能被归入学科架构之中,科学工作总是与政治、哲学问题纠缠在一起。在如何思考这些问题上,科学与社会都需要彼此借鉴。

事实上,美国国家科学基金设立了一个应用人文学科和社会科学的项目,资助那些以制定现实政策为导向的研究。但是,该项目背后的预设在本性上仍然是学科性的:资助哲学家(历史学家、社会学家等)进行高质量的研究;让同行专家来评议这些成果;这些成果发表在学科性的刊物上。研究者没有必要参与到学科外的受众的活动之中——没有必要让哲学家进入实验室或田野,或者让历史学家去和STEM领域的研究者或政策制定者一起持续地合作。他们提供一个知识的蓄水池,让那些对此感兴趣的人加以利用,通过这种方法,其成果转化为生产力。经过半个世纪的资助,这种进路的结果是建立了一个类似于数据库的事物。这种学科化和生产主义者(productionist)模式如何产生效果呢?基于美国国家科学基金资助的社会科学和人文学科的研究对STEM共同体或全社会产生了什么影响呢?

我们发现没有人对此模式做过元理论层面的研究。因此,在2012年我们向美国国家科学基金提交一个资助申请,来调查美国国家科学基金资助的哲学研究,以找出它们以何种方式被STEM学科、政策制定者或社会所采用。我们的申请最终没有获批。我们再次申请,经过一系列的修改、拒绝和再申请,最终在 2014 年,我们获得了部分资助;到那时,我们的计划已经聚焦在如何在哲学学科之中实现应用哲学的重塑,我们的工作主要集中于自 20 世纪 80 年代以来的学术动向,而非自 20 世纪 50 年代以来受美国国家科学基金资助的研究成果。我们将考察应用哲学的文献,来解释哲学家如何描述他们在对哲学共同体之外的群体发生影响上的成功(和失败)。通过这种工作,我们希望辨别出一系列最好的实践,让哲学家能够发挥更广泛的影响。[4]

我们在 2014 年还获得了(作为一个更大项目的子项目)美国国家科学基金的第二个相关的资助,通过对一系列的国际研究组织的考察,来研究科学研究的广泛影响是以何种方式被评估的。这些工作是我们一个多年研究项目——关注美国国家科学基金的广泛影响指标的继续。1997 年,美国国家科学基金改变了研究计划的同行评议标准:评审专家将凭两个标准来接受研究计划、学术价值和广泛影响。"学术价值"关注推动知识进步的潜力;"广泛影响"评估研究对社会带来好处的可能性。本书作者的其中一位曾在 21 世纪的头几年担任美国国家科学基金的评审专家,他发现评审专家在如何理解广泛影响的标准上存在着困惑——标准本身是什么意思,它与学术价值的关系是什么,或者它与学术价值的区别是什么。我们在 2008 年的一个项目中开始关注此话题,该项目的名字叫"同行评议的对比分析"(Frodeman and Briggle, 2012)。

尽管描述不尽相同,美国国家科学基金和其他机构对广泛影响的需要包含了对科学评估前所未有的哲学和政治学的介入。为了提高科学与社会的相关度,美国国家科学基金做出了一个威胁整个现代性架构的创新。科学的独特地位——它通过诉诸事情的事实来终止争论的能力,使它与政治、伦理和价值的问题明显区别开来。把广泛影响引入到评估之中削弱或者甚至抹平了这种区分(参见 Frodeman, 2009; Holbrook, 2009)。当然,经过像科学社会学、解释学和科学哲学这样的学科50年的研究,科学的客观性与广大的价值领域是隔离的简单信念已经深入人心。广泛影响标准的最终结果是把哲学的视角引入到科学政策的领域之中。

在我们的第二个项目中,研究团队将调查同行评议的和灰色的(政府的)文献,以求发现研究团队和政府如何评价科学的广泛影响。它将分析用于研究评估的指标是如何使价值判断"黑箱化"的,更一般地说,探索在澄清广泛影响中遇到的理论挑战——例如,时间轴问题、影响的属性以及负面影响问题。总之,这两个项目构成了齐整的一对:一个思考哲学的影响,另一个研究影响的哲学。

《苏格拉底的终身教职——21世纪哲学的建制》是这些(包括更早的)美国国家科学基金资助项目的部分成果。本章和后面的两章报告了我们在三个领域——应用哲学、环境伦理学和生命伦理学——中的发现。我们认为,哲学与社会的相关性远远低于它在当代社会中应有的相关性。现在,我们想看到,如果这三个领域是一个例外,那么它们是否或在何种程度上提供了某种有价值的进路,来让哲学更好地服务社会。

哲学的职业化

应用哲学应该被理解为对20世纪哲学职业化的一种回应。苏格拉底不是应用哲学家,马基雅维利或笛卡尔都不是;该术语只有作为现代研究型大学中对哲学的建制化(也即学科化)的回应才有意义。

专业化、认证化(accreditation)、职业化……所有这些,虽然是学术生活的必要条件,但应该被认为对哲学探索是有问题的。大学的学科建立在对知识的断言之上,但这对哲学——曾经把自身建立在苏格拉底对无知的坦白——意味着什么呢?苏格拉底采取的做法是质问而非提供答案,挑战而非循规蹈矩。他激怒和挑衅其交谈伙伴,却从不为他们提供教义学说。他谨慎地在成为智慧的朋友和声称成为智慧之人之间做了区分。他当然不是什么专家——除了一个(尽管是重要的)主题:爱欲(eros)。

《苏格拉底的终身教职——21世纪哲学的建制》并不准备描绘一个详细的哲学史。它也不打算对哲学家在西方文化中所扮演的多变的角色提供一个详尽的解释——这一任务已经反复被人做得很充分了。我们关注的焦点是一个被严重忽视的领域——20世纪哲学学科化所带来的后果,以及未来可能的后学科(post-disciplinary)进路。尽管如此,一些与职业化相关的代表性的人物和事件还是值得关注的。

当代哲学已经忘记了哲学曾经拒绝体制化的限制。诸如笛卡尔、斯宾诺莎、莱布尼兹和洛克这样的思想家并不是生活在大学之中,然而却是另外一种更加松散的体制的成员:大学之外的文学和科学团体,如英国皇家学会、法兰西学院以及更加独立的"文人共和国"的成员。例如,洛克对牛津大学既爱又恨,他的大部分思想都是在伦敦艾希莉勋爵的埃克塞特宅邸进行的,或者在法国和(流放期间)荷兰游历,与许多各种不同的政治家和学者进行交流时进行的。这一历史事实引发出这样一个问题,即哲学成为大学的官僚体制的一部分之后,其作用是什么。我们相信它确实属于大学,但也不是没有更好地理解由此产生的困惑和荒谬,以及致力于颁布更广泛的制度和社会角色。因此,古代和现代哲学的课程应该停止把柏拉图和亚里士多德视为先锋的(avant la lettre)专业学者,并且应该认真地思考莱布尼兹拒绝阿尔道夫大学提供的学术职位所蕴含的意义。

难道哲学的专业化在哲学的历史上只带来了消极的后果吗?我们不这么认为。尽管我们发现了它的问题,但是职业化也带来了好处。康德在这一过程中是一个重要的节点。在《道德形而上学的奠基》(1785)一书的开头一段阐述了他的反苏格拉底主义(anti-Socratism)立场:

> 所有的行业、手艺和艺术都从劳动分工中获益,也就是说,一

个人不需要做每一种工作,每个人只负责某种特定的工作,此工作由于它所需要的操作而与其他工作相区分,以便该工作以最完美和最舒服的方式被完成。在工作没有区分和分工的地方,每个人都要负责各种工作,其行业仍然处于最原始的状态。纯粹哲学在它所有的部分中是否需要特殊才能的人或许是一个值得思考的话题。一些人为了迎合读者的口味而把经验性的东西和理性的东西按照各种他们自己也不清楚的比例混合起来加以兜售,而另一些人则一边自称为独立思想家一边却把那些致力于纯粹理性领域的人称之为钻牛角尖,如果这两种人被给予这样的警告——同时追求两种在技能上非常不同的工作,每种工作也许都需要一种特殊才能,如果被混用就会除了导致拙劣产品之外一无所获——这样做难道对整个学术领域不是更好吗?

康德表达的这种态度主导了自20世纪晚期以来该领域的智力劳动:包括哲学知识在内的所有知识分为一系列的专门领域,每个领域都由最适合的专家来做。如果我们从语法的角度来分析康德的论断,我们发现赞成专门化的两个原因。第一,它能提供权威知识或专门知识。这与那些哲学业余爱好者形成了对比,后者只是(像苏格拉底那样?)无可救药的笨拙之人。第二,它增加了自主权。建立一个边界清晰的知识领域就是建立一个自治的领域,由它自身的规则推动,并由它自己的标准来评判。与此种努力相反的做法,即不进行专业化,将会成为非自治的领域——让外界来为你自己的意志立法。用通俗的话说,这叫作"出卖"。

当然,这有可能会使一个人的思想受到影响。但问题在于这是很难保持的,因为专家必然要受社会因素的影响。使人无法反驳的论断在哲学中是很少见的;常见的是,每一个论断都会引起一个相反的论断,并且会永无止境地持续下去。此外,学术专家的标准多少会有些武断并具有社会建构性——因此会具有他律性:毕竟,在某个领域内谁能算作专家不(只)是一个纯粹自我立法的意志的产物,也是外部大量资源(如金钱、时间和人事)的事情,它们是用于检验某一特定主题的指标。

这也反映出康德的本体论预设,即劳动可以按照某种先在的、客观的类别——我们可以以此来在节点处切分话题和自然——进行分工。但是研究的对象和可接受的论述的标准(更不要说什么才算作专业了)在历史上是摇摆不定的。"专门知识"预设了学科的边界——在其中,专家对相关研究领域的忽视被认为是合理的。但是,研究亚里士多德的学者依靠何种逻辑来判断,下一步的工作最好是重读亚里士多德的著作,而不是对亚里士多德进行评论?阅读一个相关的作者(比如柏拉图)的著作,或者关于亚里士多德的二手研究资料?转向该领域的文化史研究,或者(重)读修昔底德、埃斯库罗斯、欧里庇得斯和索福克勒斯的著作,或者关于他们的二手研究资料?要求专家对此做出答复毫无意义。个人的研究领域的边界正在减弱,他必须运用判断力做出相应的回应。实际上,在相同的次级专业中,学者们选择了不同的道路:创造交叉的领域。因为他们在不同的方向上游荡,混合不同的进路,他们可能看起来(甚至彼此间!)像笨拙之人。

康德对自主权的恪守建立在坚实的基础之上。现代大学的核心职能是独立性:理性必须是自主的,证明一个抽象体系的自我融贯性,而不是服从于外在的影响或力量。换句话说,哲学(至少它的一些部分或某些历史阶段)不应该被强迫生活在一个不属于它自己的时代。对时间性的要求是屈从于外部力量,或者如康德所说,成为他律的。

这一点对田野哲学(field philosophy)提出了严重的挑战。田野哲学——或哲学家在相关性上所做的任何努力——避免成为某个利益群体的工具,或换句话说,成为诡辩的。我们的回答将从康德转移到黑格尔,以辩证的态度来对待该问题,在他律和自律之间循环往复。田野哲学开始于他人界定的问题(他律),但是接着依靠理性的指示来对之做出回应,保持其自身的独立性(自律)。田野哲学重视受众对时间性的需求（他律），但是接着以一种闲暇之心反思从中所学到的经验之中蕴含的丰富意义（自律）。最后，田野哲学家先借调到其他团体和组织（他律），但是经过一段时间之后，他们又回到自己的部门，更新他们见解的来源。康德的观点的问题在于，局部真理变成了全部真理。学科化哲学是必要的——但必须由花费于田野的时间来作为补充。

　　黑格尔式的比喻是一种表述该观点的方式，但是我们可以通过对职业本性的考察给出不同的表述。迈克尔·戴维斯（Michael Davis, 2005）提供了如下的定义："职业是指在同一个领域中有许多人自愿组织起来，以道德允许的方式通过公开服务某种道德理想来谋生，该方式超越法律、市场和道德的其他要求之外"（p.443）。工程师服务于实用和安全的目标，而医生则服务于健康的目标。但是他们不仅仅服务于这些目标，他们这样做还要遵守教育、技能和伦理行为的标准。这些标准由他们自己设定并受自己控制。此处再次显示出为他人服务的辩证性，这样做是由自治所定义的完整性。类似地，一个应用型的人类学家、化学家或律师也许服务于他们的客户，但是他们这样做是按照其职业标准来做的。没有按照职业标准做就是玩忽职守或行为不当。

　　康德会说，他心目中的哲学职业是服务于真理之理想的。但是，因为他论证中十足的内省性（inward-looking）逻辑采取了学科这一制度形式，这种理想变得完全封闭起来。它变成了"内行们的真理"或"内行们的沉思"。然而，医生并不仅仅是治愈自己。工程师也不仅仅为其他工程师制作有用的工具。我们找不到任何哲学家需要被唯我论式的职业模式所束缚的理由。实际上，T. S. 艾略特（T.S. Eliot）在"自我立法"（self-legislating）和"自我辩护"（self-justifying）之间做出了严格的区分。在后一种情形中，一种职业不仅掌控着它们自己的事务，而且让其事务对其自身而言值得追求（参见Fuller, 2002）。学院哲学家经常弄混这两个概念，误认为他们唯一可用的自治模式是"自我辩护"的模式：实现自治的唯一方式是把自己安置于一个超越功利的世界。田野哲学打破了这种区分，提供一种至少在一定程度上由外部因素辩护，但在一定程度上由内部标准支配的哲学模式。你可以为他人做哲学的思考,但不需要唯命是从地只说那些他们想听的话。你可以是苏格拉底,但不能是智者。

不幸的是,哲学中不同部分之间的区别却丧失了。公共哲学已经被康德高冷的(freezer-wrapped)博学所取代,后者已演变为对微小影响(small consequences)的教条主义。在他1784年的《什么是启蒙主义》的论文中,康德认为,那些拥有"市民身份"的人只能让"理性私用"(private use of reason)。军人不能质疑命令,牧师不能质疑教会教义。只有作为"学者"——即作为"社会公民"的一员——才能让"理性公用"(public use of reason)来质疑权威,公开地参与日常的重要事务。但只有"为自己"发声(不作为牧师或士兵)他才能挑战教会或军官。但是康德认为哲学家就像牧师,与他们领域中的团体进行交谈,而非参与更广泛社会的学者。他并没有给出为何一个人不能既拥有市民身份(职业)又让理性为公共服务的理由。也就是说,哲学家可以为广大的群众代言——但不是"作为市民",而是作为"哲学家"。

到20世纪早期,哲学家已经成为康德制度化的追随者。尽管如此,20世纪早期还是有少部分思想家意识到其中的问题并对此潮流进行抗争。我们已经在这方面引用过杜威的观点,伯特兰·罗素也是一个值得关注的人物。正如博得格纳(2008)所说,威廉·詹姆士试图"改变许多美国哲学家对他们的学科所理解的方式,并挑战他们许多人所拥护的职业本身"(p. 14)。詹姆士认为,哲学家在20世纪早期正在变得太着迷于学科模式,太渴望获得科学地位来避免被视为仅仅是业余爱好者。在这方面,詹姆士呼应了尼采,尼采很早就发现了把自己安置于某个角落的(nook-dwelling)专业化中某些非哲学性的东西。

对美国最古老、最负盛名的哲学机构的网络调查显示,没有人意识到院系这一新的制度形式的意义所在。芝加哥大学宣称他们的哲学系建立于1894年,杜威是其第一任主席,但只是顺便提及他是"美国最古老院系之一"。普林斯顿大学哲学系把他们的历史"追溯到学院最早的时期,远早于目前的这种建立于 1904 年的院系结构"——没有对创立这种结构的原因或意义进行解释。密歇根大学把其起源追溯到 1843 年,于此年设立了道德知识科学的教授职位,但没有提及院系本身的成立。这和康奈尔大学网站上的情况一致,它只说院系建立于 1891 年,来自亨利·W. 塞奇(Henry W. Sage)的捐赠。学位点会列举它们著名的前辈——约翰·霍普金斯(Johns Hopkins)提及皮尔斯(Peirce)、杜威和拉夫乔伊(Lovejoy)——但是这些思想家是自由独立的知识生产者,看起来没有受其制度机构所影响。新体系正在改变福特时代的工作场所,在大学里,古老的教化(Bildung)理想正让位于各个学科目标的混合;但是部门所反映出的相似趋势的可能性却被置之不理。福特的生产主义形而上学开始占据支配地位,正如一个学术功能开始统治其他一切:生产新知识。哲学家对这种趋势乐此不疲,接受了作为专业人士和专家的新的存在方式。多诺霍(Donoghue 2008, p. 26)注意到,大学表现为如下的特征:

> 一种具有讽刺意味的集体行为,它是对企业价值观的模仿,而这正是人文主义者所要对之保持距离的东西。自 20 世纪 70 年代以来,我们的人文学科已经适应了我们的职业环境,发展出一种浸透着生产力和销售技巧文化,就像任何人在商业世界中遇到的那样。

然而,詹姆士对这种内省性的职业化进程进行了一场毫无成功希望的斗争,一种更加外向型的姿态,在一些领域中存在了一段时间。科学哲学学会(PSA,成立于 1933 年)于 1946 年通过了一项广泛的、公共精神的使命宣言:"推动科学哲学话题的研究和讨论,广泛地解释,并鼓励实践的结果,这些结果可能会对科学家和哲学家,以及善良的人产生有益的影响。"但是仅仅 10 年之后,PSA 就开始向内转,把他们的使命局限在"推动科学哲学领域中多种立场观点的研究和自由讨论,出版一本致力于该领域中这方面研究的杂志"(参见 Douglas,2016)。

麦坎伯(2001)对这种问题给出了另一种历史框架,他认为 20 世纪 50 年代恶劣的政治环境给当时的哲学家留下了深刻的印象。面对麦卡锡主义的政治威胁,哲学家们抛弃了批判性的社会评论,转而采取了一种"隐性协定"来指导他们的工作:即"为了严谨,哲学必须限制在探究句子或命题的真相"(p.163,原文中就是强调的)的原则。这个协定成了学院哲学所遵循的核心原则。自从被采纳以来,哲学家"从没公开地讨论过它",它甚至还在继续塑造着当代哲学的内容和特征(p. 163)。

杜威和詹姆士在麦坎伯的"隐性协定"出现的几十年之前就对学科化哲学的僵化进行过哀叹;但是麦坎伯却增加了新的内容,解释了为何哲学在冷战时代早期会更加专注于内部。哲学在麦卡锡掌权之前就已经是专业化的职业,离开这一事实,隐形协定将会对后世的哲学家产生更少的制度上的吸引力。成为一个真正的哲学家意味着要经过学科同行的认可。因此,当应用哲学在 20 世纪 70 年代兴起时,它的最大的焦虑是证明它是足够的专业,就像研究大学的学科标准所定义的那样。

麦卡锡时代的政治,加剧了现有的专业化倾向和进步的内部标准。哲学家们已经被制度结构的支配,推动了旨在为其他哲学家服务的原创的、同行评议的研究;在此基础上,20 世纪 50 年代见证了概念分析的兴起,明确地追随那些以追求技术知识为目标,以公正、客观为特征的科学观察者。从某种程度上说,这一时期的学院哲学是成功的。在冷战时期,蓬勃发展的高等教育工业意味着学院和大学正在增加哲学方面的研究生课程,而终身教授的职位也很充足。但从公众参与的角度来看,哲学是失败的。库克里克指出,"专业化哲学已经成为这样一种习惯,不是面对存在的问题,而是避免它"(1977, p. 572)。在内部成功的情况下,学科"不能阻止对其狭隘和不相关性的指责"(Kuklick 2001, p. 261)。

应用哲学的兴起

20世纪60年代是哲学领域内专业精神兴起的时代。与此同时，一些哲学家开始反对现状。这是对更大的文化动态的回应——社会和政治动荡，比如民权运动、越南战争及对环境恶化的抵制。哲学家们发现，他们自己也面临着学生们关于哲学对公共生活的价值的反复挑战。对此进行呼吁的思想力量来自存在主义哲学家（如萨特）和马尔库塞与法兰克福学派的社会批判（Kuklick 2001）。然而，对哲学教授会（professoriate）的挑战至少一些是基于专业哲学家的著作——尽管像伊凡·伊里奇（Ivan Illich）这样仍然是这个学科的主流趋势的边缘人物。

1970年，莱斯利·史蒂文森（Leslie Stevenson）——以他的情感主义著作而闻名——在纯粹的哲学家和应用哲学家之间进行了区分，纯粹哲学家关注的是"出于其本身的兴趣对真理的学术追求"，应用哲学家关注的是寻求"必需的答案"来决定我们应该做什么（p. 259）。史蒂文森对哲学家们仅仅作为专门研究者的观点进行了批评，转而认为所有的哲学家都应该在某种程度上从事应用哲学，其目的是为行动提供明确的指导。到1977年，乔恩·托格森（Jon Torgerson）发现，在哲学领域中，人们越来越关心"哲学应该在自己的专业学科之外作出贡献……也就是说，哲学家们除了对其他哲学家进行技术分析之外，还有更多的事情要做"（p. 215）。5年后，路易斯·卡泽纳（Louis Katzner）批评哲学家们"摒弃了哲学是一种解决日常生活中个人和社会生活问题的工具"（p. 32）。对卡泽纳来说，分析哲学的纯粹研究特征的科学主义立场，使哲学家沉浸在纯粹的理论问题中，比如"行动理论专注于什么是行动，而不是如何将思想转化为行动"（p. 32）。[5]

自史蒂文森提出的构想之后，又出现了许多应用哲学的定义。乔纳森·德尔根梯（Jonathan Dolhenty 2008）的描述是一个典型代表：应用哲学"应用哲学的原理和概念去研究我们的实践和活动"。请注意这一观点所建立的假设:理论哲学首先要确定正确的原则和概念,然后把这些原则应用于特定的情况。没有任何迹象表明,如何"应用"哲学本身被认为是一个哲学问题,或者争论向着相反的方向进展——从我们的情景嵌入性到哲学原理的推导。因此,我们发现奥诺拉·奥尼尔(Onora O'Neill 2009)声称,应用哲学是"一种学术写作类型,它试图找出并维护规范的、行动导向的(action-guiding)主张,然后将它们与情境或案例的事实联系起来"。[6]同样,大卫·阿克尔(David Archard 2009)说:"正如名称所暗示的那样,[应用哲学]意味着原则——已经作为正确的东西被认识和建立——应用到特定的领域。"

我们也发现许多反对者。这甚至包括奥尼尔,他在同一篇文章中,既强调了实际判断的重要性,又对应用原则的过分简化进行了批判:"如果我们把应用伦理学仅仅视为对原则和应用情景的讨论,我们就对如何在这种情况应用原则以及如何处理或避免它们之间的冲突和潜在冲突的实际任务说得太少"(2009, p. 229)。更有针对性的是,富尔林文德(Fullinwider 1989)认为,"哲学理论——与哲学的训练相比——是应对政策问题发错误工具。哲学理论回答哲学问题,而不是实际问题。"但是,关于应用哲学架构的争论仍然是初级的。我们将会看到,关于应用哲学的性质、目标和影响是一个惊人的缺乏元哲学层面思考的领域。

应用哲学在20世纪80年代被制度化,创立了两家核心期刊。二者关于其使命的宣言都为它们的存在提供了学科之外的理由,并指出了应用哲学的更大的社会相关性。在1982年,《应用哲学期刊》(*Journal of Applied Philosophy*, JAP)宣称,它的目标是为哲学研究提供一个独特的论坛,寻求对实践关心的问题作出建设性的贡献。在1984年,《国际应用哲学期刊》(*International Journal of Applied Philosophy*, IJAP)重申了它的承诺:"哲学应该被带入现实生活中。"但是,对于如何实现这些目标,这些目标是否会影响到哲学事业的性质和标准,或者学术期刊是否是实现这些目标的最合适的场所,几乎没有人对此作出回应。应用哲学运动所宣称的目标是对整个社会都有用,同时也推进细致入微的哲学评论工作。但是很少有或没有对这些行动的目的究竟是什么、如何实现、如何衡量进展的系统讨论。

在 NSF 基金的资助和研究生凯莉·巴尔(Kelli Barr)的帮助下,我们开始着手调查应用哲学文献,来寻找这些问题的答案。我们的调查主要集中在五个期刊上:刚才提到的应用哲学领域中的两个核心杂志,《应用哲学期刊》(1982)和《国际应用哲学期刊》(1984);《元哲学》(*Metaphilosophy*, 1970)以及介于哲学与政策之间的两个杂志,《哲学与公共事务》(*Philosophy & Public Affairs*, 1971)和《哲学与公共政策季刊》(*Philosophy & Public Policy Quarterly*, 1987)。在我们进行研究的时候(2015),这些期刊共发表了 4561 篇关于法律、政治、科学、经济学、文化、环境、医学、教育和政策的同行评议的哲学文章。

对于每一篇文章,我们都阅读了标题、摘要和(可获得时)第一页。一篇文章被标记为完整的阅读和分析,如果一篇文章涉及以下任何一个主题,这篇文章将会被完整地阅读和分析:

- "应用哲学"或"哲学应用"的意义。这包括对应用哲学的边界研究,应用哲学的方法以及对应用哲学作为一种哲学的工作的辩护。
- 对进展的描述,或失败的说明——在特定的语境和特定的非哲学的受众中整合哲学的活动中。这包括寻找与这些受众一起工作中的经验教训的解释(如:"最佳实践")。

因此,我们的调查基于一种在文字中很难发现的区别——即提供对非哲学家感兴趣的主题的洞见和为将这些见解与正在进行的非哲学听众的工作进行实际的整合的区别。

这是一个关于受众的问题。前一种方法,无论它对实际问题的洞察有什么优点,但都只是涉及一群哲学同行(最明显的是,因为成果将会出现在同行评议的杂志上)。相比之下,后者需要走向世界:与人交谈,参加会议,了解官僚制的机会和局限性,总的来说,在许多相互竞争的观点中发出自己的声音。后一种工作通常被描述为"简化性的"。毫无疑问,它会有被人厌倦的时候。但我们发现,让非哲学家参与进来会引发哲学家们几乎没有考虑到的一系列哲学问题。

在我们的分析中,我们把 4500 多篇论文分成了三组。大多数都忽视了上述的差别,因此不属于我们说的那两类。我们称之为"学科化的应用哲学"——其关注点是使一个哲学观点成为一个感兴趣的话题,但却没有讨论这些观点是如何在特定的语境中被应用的。这类论文的总数占到了 98.6%。一篇论文可能会分析围绕干细胞研究的公共辩论或政策过程,但从未提及其分析在这场辩论中如何发挥作用的问题。它甚至可能会提出建议——没有任何明显的尝试去了解这些想法是如何被决策者们采纳的。

第二组论文(包括 55 篇文章,约占总数的 1%)讨论了上面的第一点,即应用哲学的性质和范围。这些论文的作者反思了应用哲学是什么以及如何最好的实现它,它与其他学科或其他哲学领域的关系,或者它与哲学的关系(主要参见 Bowie 1982;Katzner 1982;Kasachkoff 1992)。这些论文在 JAP 和 IJAP 的早期卷中尤其常见。曾经,JAP 在 2009 年的一期特刊关注过哲学与公共政策之间的关系。但是,尽管一些作者在这个特殊的问题上触及了在特定的环境中应用哲学的问题,但令人惊讶的是,没有一个人能以一种持续的方式继续探讨下去。事实上,在很多情况下,最主要的问题是要捍卫应用哲学的地位,因为与理论或"纯粹"哲学相比,其地位还不是很稳固,他们要为应用哲学应该被认作"真正的"哲学进行辩护。

第三组论文主要论述的是上面提到的第二点。这些作者将哲学观点的应用视为哲学自身的问题,并认为应该进行持续的反思。这些论文数量很少——在 4500 篇中总共才有 8 篇论文。让我们明确一点:

当然，4500篇论文中的任何一篇都对广大世界产生了影响；但是，对这种影响的报道，又回到了学科领域，但并没有在这些期刊上出现。[7]

作为最后组别的一个例子，卡根（Kagan 1985）描述她作为加州国会议员的立法主任——这是一个由于成为美国哲学学会大会会员而获得的职位——的影响。卡根的目标是利用她之前在动物伦理学上的哲学著作来报告动物保护立法的内容。作为她所发挥的影响的证据，她描述了她所从事的一项主要立法是如何最终签署成为法律的。在另一篇文章中，哈雷（Hare 1984）报道了他作为一个同伴的经历，他起草了一系列的立法草案，其中一些最终被作为法律通过。他把这项工作描述为他对当代社会和政治理论的哲学研究的自然延伸。

1979年到1984年美国哲学学会提供奖金，它由安德鲁·W.梅隆基金会的两项为期三年的资助提供支持。[8]比尔·普卡（Bill Puka 1986）这位前会员回忆说，该奖金是在美国科学促进协会的科学政策研究员计划的基础上建立的。会员得到了资金的保证，但他们必须通过自己的努力获得国会议员的职位。

与总体趋势相比，另一个值得注意的例外是：在IJAP的前三卷（1985—1987）以及第九卷中，它把一类论文归入名为"应用哲学的报告"的类别。在这些报告中，哲学家反思了他们在离开哲学领域作为"外籍人士"的经历。一些人在计算机编程、银行、医院、国会办公室或其他学科领域找到了工作。几篇报道声称，哲学家们应该把他们的技能用于某个特定的行业或领域——比如科技写作，或心理测量学（Girill 1984；Colberg 1986）。其他人则评论了哲学家们所能带给解决复杂的政策问题的技能或特点，比如动物保护和福利，或者医学专业人士的伦理教育（Kagan 1985；Fleetwood 1987；Snowden 1982）。在发表的15份报告中，有5篇提出了这样一个问题：他们的存在对医院和他们工作的立法机构有何影响，如果有的话。

社会因素在推动应用哲学家对自身的反思上可能起到了一定的作用。例如，在20世纪中期的时候，哲学的就业市场经历了一次严重的恶化转折。这促使美国哲学学会成立了一个针对哲学家的非学术职业小组委员会。1977年，该委员会发表了一份报告，报告了哲学博士的就业市场不断恶化的情况。委员会援引美国研究生教育委员会的一份报告指出，1974年获得哲学博士学位的人中，有69%的人在学院或大学获得了教职，而此数字在60年代则超过90%。根据卡内基高等教育委员会的数据，它对未来就业前景的预测是严峻的：到80年代，就业率可能会下降到15%—20%。此外，卡耐基基金会警告称："学术职位的短缺将对这些学科最为严重，即那些受到除了在高等教育领域就业之外，几乎没有其他工作选择的学科"（APA 1977，p. 233）。

在对哲学博士转向非学术职位的预期上，美国哲学学会的报告为哲学家们提供了非学术就业领域的三个案例研究。该报告解释说，哲学专业的研究生"不要丧失信心，非专业性的职位注定在智力方面是沉闷的，因为高中毕业生也许就能胜任。但也有其他教学职位，既能激发学生的智力，又能让他们的职业充满挑战"（p. 234）。那些拥有博士学位的人证明了，他们的哲学才能如何让他们能够在咨询公司进行政策研究，创造计算语言和程序，以及为诸如平等就业机会法之类的法律法规制定政策。美国哲学学会的报告和"应用哲学报告"都做出了切实的努力，试图解决哲学更广泛的相关性问题。

但在应用哲学领域，其他的期刊并没有发表过类似的"应用哲学报告"。这些报告在实验开始的几年后就不再进行了。它们的（未解释的）不连续性是学科化作用的结果。当然，继续发表"应用哲学报告"并不能保证哲学对现实发生影响，但是这有助于将影响的问题纳入哲学文献之中。

最后，在2011年发表的一篇文章中，本·黑尔提出，哲学家需要开发类似于政策研究领域所使用的工具。很多时候，哲学家都有类似于"搜索图像"的东西，它训练他们的视野，让他们只看到问题中被认为是哲学的维度。然后他们提取这些材料，用抽象的理论方法来处理，这使得决策者在涉及复杂环境的决策时陷入困境。他的结论是，在某种程度上与托马斯·莫尔(Thomas More)在《乌托邦》中的观点相呼应,他认为"哲学确实是相关的,但不是常规的那种相关性"(Hale 2011, p. 220)。

我们的调查揭示了应用哲学中一个明显的缺失。尽管大量的工作在原则上与更广泛的受众有关,但我们很少看到应用哲学对这些受众产生的影响。应用哲学期刊当然是研究社会问题的合适场所。但是,它们也是报告成功案例和将研究与各种利益相关者联系在一起的最佳实践的自然场所。但是除了早期的《应用哲学期刊》还发表一些这方面的报告之外,实践是根本没有的。

总结一下我们的结论,应用哲学期刊的使命宣言宣布这个工作有两个目标:学科化和超出学科之外的影响。此外,从阅读这些文章中可以清楚地看到,应用哲学研究想要与 STEM 和政策受众发生关系。然而,我们只发现了很少的讨论——在 4561 篇中有 8 篇或 0.18%——关于各种类型的影响,关于对在更广泛的影响上的成功和失败的解释,关于如何产生影响的最佳实践,或评估影响的度量标准。我们也发现了这样一些迹象,即对应用哲学期刊缺失哲学影响的解释可能会在各种非哲学期刊上找到[例如,在《保护生物学》(Conservation Biology)或《法律杂志》(Journal of Law)、《医学和伦理学》(Medicine and Ethics)]。但即使在这里,循环的(recursive)行为似乎也是不存在的——也就是说,对于如何产生影响几乎没有什么反思。

总而言之,哲学家们正在进行与社会相关的研究,这种研究也许有可能产生影响。但是,哲学家很少反思已出版的著作,或者试图证明或估量他们对哲学同行的影响。基本上没有关于他们的成功或失败,或者是什么构成了取得更广泛影响的最佳实践的系统的描述。[9]

现在,在不同的场合对其原因进行解释时,我们都听到了各种的批评。一些人声称,我们一直在错误的地方寻找——对影响的解释会出现在其他地方,在利益相关者那里,而不是在学术期刊上。这话说得不错,但是,难道这些解释不应该回到应用哲学期刊,让哲学家们相互学习吗？我们也承认，一些哲学家在学科领域之外是如此的成功，以至于他们对其他领域的影响可能与他们在哲学领域的影响力相匹敌。这其中包括迈克尔·沃尔兹(Michael Walzer)在法律领域，贝尔德·克利考特(Baird Callicott)在保护生物学领域，达恩·豪斯曼(Dan Hausman)在经济学领域，丹尼尔·丹尼特(Daniel Dennett)在认知科学领域，玛莎·努斯鲍姆(Martha Nussbaum)在发展研究领域以及保罗·汤普森(Paul Thompson)在农业领域。我们并不是说，没有哲学家在应用哲学方面做出了重要的工作。但很明显，它明显是一种处于学科之正统观念之外的边缘要素，它甚至包括了绝大多数的应用哲学家。特别是，我们认为，在如何进行社会参与的研究中存在着一种叫作"反身性"的失败，即如何与利益相关方在一个问题上合作，而不仅仅是与哲学家讨论这个问题。应用哲学期刊应该是我们观察哲学家反思这类工作的地方，找出最佳实践和经验教训；但是我们发现这些都没有。作为结果，对另类哲学实践制度化的努力仍未得到充分的发展。同样，在培养下一代的努力上也是如此，以至于参与性的(或我们称之为"田野")哲学有可能成为 21 世纪哲学的一个相当重要的组成部分。

所有这些观点都没有在文献中出现过。问题的关键是对影响进行分类，区分出需要审视的现象的几种不同类型：

- "影响"(效果、作用、助推等)的定义
- 产生影响的意图，该意图可以设想或计划
- 实际的影响，可能是偶然的或有意的，或多或少是直接的
- 影响的证明，它由故事或数字组成(本身基于故事)
- 对如何产生影响的解释

我们在调查中寻找的主要是最后一个类别：如何在一个学科群之外产生影响的解释。我们认为应用哲学期刊是找到这类解释的一个合理的地方。当然，所有这些类别都是相互决定的。例如，为了想要产生

影响或提供如何产生影响的解释,我们需要知道什么是影响以及我们如何知道影响是否真的发生了。宣称一个人已经有了影响力意味着一个人已经成功地实现了一个意图,并且可以提供一个关于这种影响是如何发生的解释。

学科陷阱

在航天科学中,逃逸速度是在没有进一步推进的情况下,一个物体从万有引力中挣脱出来的速度。这需要大量的能量,特别是当引力的作用很强的时候。这就是为什么地球上的大多数东西都留在地球上的原因。这是思考应用哲学家的一个有用的概念。他们想逃离象牙塔,在现实世界中产生影响。他们一直在试图摆脱那些让他们陷入孤立和封闭的讨论的力量。但这种努力失败了。是的,自20世纪80年代以来的工作对实际问题进行了大量精妙的哲学分析。它们产生了影响,但它们主要是缓慢的间接影响,就像化学中被动扩散的缓慢的分子过程那样。除了一些明显的例外,该领域在直接的、超越学科之外的影响方面是失败的。

这是因为哲学家们还没有意识到他们试图挣脱时所面临的引力束缚。哲学家们认为他们正试图摆脱抽象话语的束缚(即"纯粹的"哲学),而仅仅谈论现实世界的问题就能提供足够的能量以达到逃逸速度。但是,把他们拉回来的引力是制度上的,而不是自然的。黑尔指出,哲学中缺乏政策工具;但是,这个问题并没有根本上涉及哲学思想的内容或者其工具性属性的缺乏。不仅仅是说了什么,还包括在跟谁说。

把他们拉回来的制度是建立在学科基础上的大学。学科在以很高的专业标准发展新知识方面做得很好。但是他们在把这些知识传播给社会方面做得很差。我们再来考虑一下"应用"(applied)这个定语的含义。它意味着,哲学家首先在专业的期刊上为他的学科同行做学术研究。之后,这项工作被视为一种成品被"应用"到社会。这种被动语态是有意而为之的,因为没有人知道谁做出了应用,以及如何或以怎样的方式定义或衡量成功。在我们发现的几个自觉的解释中,"应用"这个隐喻是完全错误的。涉入政策问题的哲学家们并没有真正让政策付诸实施(not applying paint to a house)。他们相互交流、调整、反馈、妥协、倾听——他们在媒体上、在思想和行动的间隙中忙碌地做着哲学。

尽管它在某些方面可能挑战了"纯粹"哲学,但应用哲学却对其制度核心没有任何触动。应用哲学并没有从学科的研究模式——建立在知识生产和使用分离的基础之上——中挣脱出来。事实上,它只是将这个模式作为其自我理解的一部分,来解释是什么让哲学能够"应用"。首先是做哲学,然后它以某种方式被别人利用。无论其工作是"纯粹的"还是"应用的",这种哲学与社会的划界背后遵循着相同的逻辑。应用转向并没有跳出学科模式。

哲学研究的应用模式同样信奉知识转移的被动扩散模型:同行评议的文章在某种意义上导致社会效益。见解的传播像浓缩的气体那样扩散。或者就像富人所取得的经济收益被期望渗透到社会的其他部分那样。但正是这种若无其事的轻描淡写导致了如今针对学术界的问责文化。哲学家们认为,当他们为知识储备增加了另一篇同行评议的出版物时,他们已经完成了他们的智力任务和职业义务。是否以及如何使用这些知识——谁能确定呢?但是,这种基于信念的影响模式现在已不再适用。

在2009年出版的《应用哲学期刊》的一期特刊的导言中,阿查德和门德斯谈及了最近应用哲学的扩张:

> 在2009年,哲学的视野有所扩大,所有的作者不仅仅关注哲学在实践中的应用(他们当然关心这一点),而且也涉及将哲学应用于实践问题意味着什么这一更原初的问题。

太好了!但是该特刊中的讨论自始至终没有触碰后一问题。是的,作者绕开了该问题——例如,布坎南对他所谓的"委员会范式"的应用哲学提出了质疑,阿查德谈到他"信奉的一种被称为'自下而上'的应用哲学的模式,它起始于现实世界中的事实"。但事实证明,这成了"真实世界"的一种非常抽象的形式。这些文章缺乏对一个人在现实生活中的具体问题的实际参与的任何描述——正如我们在最近的一本书中所提出的那样(2015)。也没有任何关于该职业的严谨性标准是如何适应实际的紧急情况的,或者实际的接触将如何影响终身教职和晋升的学术标准。在同行评议的期刊上,应用哲学家们讨论的不是关于自由意志的抽象概念,而是讨论诸如安乐死或濒危物种等具体问题。但是,他们仍然在同行评议的杂志上发表文章,而且也没有提及这些见解是如何被学院之外的人采纳的。没有任何关于如何在特定的决策过程中让利益相关者参与进来的反思,如何在对话中有效地插入见解,或者如何跟踪个人努力的影响。

哲学家和人道主义者通常都深受学科陷阱之害。[10]摆脱这种束缚的第一步是给它命名。在此之后,哲学家们需要改变实践和激励措施,使他们能够与更广泛的同伴写作和一起工作;特别是,他们需要在其工作中培养一个需求分析的能力。此外,那些已经走进更大世界中的少数哲学家也需要偶尔回到自己的老家来训练下一代。作为一个共同体,如果我们的罕见的成功只是一次性的冒险,而不是一种自觉的、对哲学的新范式的自我意识的创造,我们就无法维持在逃逸速度水平。

注 释

1."如果你从一个人的世界中拿走行动以及更多的活动成果,除了沉思还剩什么呢?因此,上帝的活动——在幸福程度上超越其他一切——必定是沉思性的;也因此,人类的与此最相似的活动必定是最幸福的。"(《尼各马可伦理学》,第十卷,第八章)

2. 或者不完全被拒绝:美国国家科学基金会法案为"其他科学"的资助敞开了大门。一位国家科学委员会成员对当时许多(自然)科学家对社会科学的态度的总结是:"我们必须面对这样的现实,即社会科学——除了极其有限的几个领域——是问题之源,比潘多拉盒子里释放出来的东西还要糟糕。"(来自《国家科学基金会:一个简短的历史》,https://www.nsf.gov/about/his-tory/nsf50/nsf8816.jsp)

3. 然而,应该注意的是,为国家科学基金会设计概念蓝图的瓦尼瓦尔·布什认为,人文学科是至关重要的。国家艺术基金会和国家人文基金会都成立于 1965 年——也许正是美国自由主义的高潮。

4. 在此之后还有更多。我们继续为此项研究获得资助而提交申请。

5. 大陆哲学在实践哲学方面并没有取得明显的成功。但作为 20 世纪美国的主流哲学,分析哲学是最常被批评的。

6. 奥尼尔甚至宣称,"在应用伦理学上的写作必须从实际案例的细节中抽象出来,倾向于讨论情况或案例的各种形式"——我们将会站在她的立场上。

7. 这里有另一种解决这些问题的方法:从被认为具有更广泛影响的应用哲学家开始;看看他们发表了什么;然后对这些期刊的哲学影响进行调查。

8. 参见 http://mellon.org/grants/grants-database/grants/american-philosophical-association-inc/37900007/。

9. 我们的文献综述支持这一说法,我们的趣闻逸事也同样如此。例如,密歇根州立大学长期从事与社会相关的哲学研究的保罗·汤普森最近说,他从来没有花时间写一篇关于他如何完成该工作的描述——他由于太忙而无法做对其工作进行反思的工作。

10. 关于这个术语的一点补充:一个同事(也许有出入)使用这个术语的时间可以追溯到 2009 年。参见布利斯特·伊芙琳(Brister, Evelyn):《跨学科研究的学科陷阱和认识论障碍:来自中非保护争端的经验教训》,《生物医学的历史和哲学研究》(*Studies in History and Philosophy of Biological and Biomedical Sciences*, 2016)。

第四章　环境伦理学

想象一下这样一种情景：一个环境伦理领域的哲学家想要在这个世界做一点不一样的事情。他遇到这样一个话题，要在楠塔基特海峡建一个风力发电站。他发现，关于该提议的争论被框定在经济学和科学的范围内，尽管他认为这个问题似乎与美学和形而上学有关。一些人认为，在楠塔基特海峡建风力发电站是在破坏美丽的海景；另一些人则认为巨大的金属结构与海峡的自然属性不协调。在另一方面，一些人认为风力涡轮机是化石燃料结束的一个伟大象征，而另一些人则认为，就像所有自然物一样，海峡只是被我们利用的东西。我们的这位哲学家认为，尽管这些哲学态度在很大程度上推动了这场争论，但它们仍然因为一系列哲学偏见而被掩盖：因为美只是主观品味的问题，形而上学也同样如此——那么，形而上学到底是什么呢？因此，数字贯穿了整个争论——涡轮机的成本，每千瓦时的电力成本。然而，对其他基本的哲学问题而言，数字一直都只是一种借口。

我们的这位哲学家为此写了一篇文章，经过一段时间和努力，这篇文章发表在同行评议的学术期刊之上（Briggle，2005）。10年后，卷入这场争论的人没有一个听说过他，他的论文一次也没有被人引用过——除了被他自己在其随后的一篇论文引用过一次之外。

从社会效果的角度来看，这项工作的"应用"是什么呢？它与哲学的核心领域没有任何区别。这篇论文发表在相同的知识空间，它也是为其他哲学博士（期刊的读者）而写。它体现出衡量何谓高质量成果的相同的制度模式——同行评议的出版物——从不介意它对政策或公共讨论的任何方面都没有明显的影响。文章不包含任何其观点如何被参与辩论的参与者所采纳的方案,这表明,知识生产已经脱离了消费。这篇文章成为知识仓库里的储藏品。当然,应用哲学家和"传统"哲学家写的是不同的东西;但他们以同样的方式写作,面对的是同一种类型的受众。在这两种情况下,其工作都是在极度的隔离状态下进行的——独自一人坐在电脑前,而不是在现实中与事件的当事人进行互动。

有些人会说这没有什么不对。当然,这种模式可以用很多理由来辩护:学者需要远离喧嚣的日常生活;见解需要靠时间来传播;作者需要在这个主题上写更多的文章（和著作）;缺乏引用意味着没有阅读相关的文献;或者,这篇论文的失败并不能代表整个环境伦理学领域的全部情况。

但也许这些都不是真正的问题。有些人会说,这里根本就没有什么"模式"。我们所说的"模式"就是哲学本身——至少任何一种名副其实的哲学。哲学是由专业人士细致入微的思考构成的,他们必然生活在远离大众的浅薄和忙碌中。对公共事务的介入和更大的影响是好的,但是他并不会根据非专业人士对哲学工作的反应来评价哲学。

谁来评估什么才算作是好的哲学工作？从制度的层面看,在过去的 125 年里,答案是很明显的。哲学博士们对哲学领域的其他博士进行评判,尤其是在专门领域——亚里士多德学者评价对亚里士多德的研究工作,科学哲学家评价科学哲学领域的工作。但是,在这些领域中,对于与更广泛的世界相关的问题,工作又将如何评价呢？关心这些问题的人不应该在这件事上有发言权吗？在将哲学见解与国家科学基金会所面临的挑战或一个社区关于是否建立风力发电站的决策联系起来的努力上,哲学专家为何是唯一（甚至是最好的）的评判者？

哲学家们将继续为彼此而不是更大的公众写作,直到这一学科认可了评价高质量工作的多元标准。我们的学术体系不是为判断哲学家为非哲学家的事务进行的哲学方面的工作的好坏而建立的。该体系只能通过专业的(更准确地,次级学科)标准来评估哲学工作。但这却忽略了一个基本的修辞——同样的主张,从一个角度(或对于一个受众)来看可以是真实的、有洞察力的,而从另一个角度(或对另一个受众)则明显地不那么重要。当然,"公众"被深刻的分歧所撕裂:也许并不存在可以诉求的共同的标准。有些人会讨厌哲学家的贡献;其他人可能会喜欢。但这真的是个问题吗?或者,这就是多元宇宙中事物的状态,而学科化却使得学者忽视了这一事实?就此而言,即使是在相同的子领域,同行评审者也不会一直不同意吗?这个专业真的有自己关于卓越的标准吗?

20世纪的哲学——从制度安排的角度看,21世纪的我们仍然处在这一发展阶段——假设它是另外一个局部的本体论,由该领域进行训练和认证的专家们所组成。请注意这两个概念,专业知识和局部本体论是如何被联系在一起的:专业知识被限制在有限的领域之内。因为一个人不能成为所有领域的专家。但是,如果哲学不是(或者不是仅仅)一个局部的本体论会怎么样呢?如果它是自然的间隙(interstitial),很容易在任何地方出现呢?然后,我们就遇到了苏格拉底式的争论:在实际的信念上,哲学家的角色是宣告无知或者至少是怀疑,同时强调质疑和重新审视核心假设的重要性。虽然海德格尔不是一个田野哲学家,但他强调了同样的观点:没有人能够保持思考的怀疑特征。海德格尔在这方面所遇到的困难的严峻程度,足以使他放弃其身份的核心标签(哲学家),而成为一个思想家(Denker)。

这些观点容易引起误解,所以让我们澄清一下。当然,在哲学的某一个领域成为专家是可能的。不可否认,对那些花了几十年时间思考逻辑或莱布尼兹的人是能够对其进行掌握的。很明显,我们可以用学科的方式来对待哲学,掌握这个领域的一个特定区域。然后,你可以通过与该领域其他专家的谈话,在这个主题上取得进展。但是,如果一个人想把这些见解带向一个更大的世界中的问题将会是一种什么情形呢？现在事情变得棘手起来。一个人仍然只是知道自己所知道的那些东西——伦理学或认识论——但这真的是像把一个概念"应用"到一个具体的案例中那样的简单问题吗？或者，你是否需要了解有关情况的细节？如果是这样的话，这就要求你离开办公室，去和你的对话者见面，充分了解事态的情况，以便给出明智的建议。

但是总共有多少细节，多少会谈呢？你需要接受该领域的正规培训吗？或者仅仅是交谈，而非提供贡献性的专业知识（Collins and Evans, 2002）？我们如何判断掌握多少知识才足以应对一个案例？我们如何整合或融合不同类型的知识，比如哲学与经济和化学？我们现在已经提出了一系列新的问题。或者我们可以退回到应用哲学的预设中去，在那里，我们不能在哲学见解的应用中找到任何真正的（哲学的）问题。

这些都是难题。事实上，它们提出了一个哲学家们很少关注的话题，也就是所谓的交叉学科的哲学（Frodeman, 2013；Frodeman, 2017）。但是，请我们注意，在不同的场合对不同的听众进行演讲的努力，可能会导致陈词滥调的后果，还会导致一些其他的事情。但是，这些努力包含了某种不同的"硬"东西：严肃地对待修辞，在修辞和哲学之间保持平衡，以一种娴熟而及时的方式展示哲学思想。布莱恩·莱特（Brian Leiter, 2007）无意中强调了我们的观点，他认为哲学中没有不同的学派，但只有好的和坏的哲学："哪种哲学'阵营'可能会致力于不太认真、不太彻底的分析和论证？"我们的答案是：一个对时效性、遵守预算、可被理解等方面感兴趣的阵营。

总之，应用哲学是 20 世纪的一种运动，是由于学科模式的哲学的缺乏实际应用而产生的，但没有意识到这种失败意味着什么。有人可能会说托马斯·阿奎那（写关于婚姻的文章）和约翰·洛克（写关于教育和宽容的文章）都是应用哲学家——这个名单可以扩展到哲学史上的大多数哲学家。但这忽略了一点：这些都是前学科的例子，应用哲学是对学科文化的失败的回应。应用哲学家所面临的问题是如何回应社会对相关性的要求。但他们从来没有想到，对这个问题的回答应该对他们的制度建制和需要做的艰苦工作的性质进行质疑。他们认为，进行应用哲学研究意味着他们只需要谈论不同的事情就可以。相反，他们需要以不同的方式对不同地点的不同人群进行交流——改变媒介本身，而不仅仅是信息。他们需要做的不仅仅是交谈，他们需要把哲学变成一种实践。

实践的概念并不容易被西方哲学所理解。在西方，哲学是由弗洛伊德的"谈话疗法"，而不是一个人所做的事所组成的。但是，一旦哲学被当作一种实践来对待，就像有人说的那样，新的问题就出现了。最重要的是，哲学家的体制建构成了一个问题。如果哲学仅仅是由词语组成，那么我们就可以按"缸中之脑"的方式来运作。但是，如果哲学是一种实践，那么所处的位置就成为一件重要的事情。而从院系中走出来就是显而易见的了。如果我们想得到有效的后果，我们就必须离开院系。

应用哲学涉入了许多领域——职业伦理学（例如护理）、计算机伦理学、工程伦理学、生物伦理学、商业伦理学、环境伦理学／哲学等。前一章指出，发表在应用哲学期刊上的研究对学科陷阱是视而不见的，因此受到了相应的惩罚。上述这些子领域中能在影响方面或对影响的反思方面做出更好的成绩吗？他们是否意识到体制建构的重要性？如果没有，学科陷阱是不可避免的结果吗？虽然对所有这些领域的调查超出了本书的范围，但在这一章和下一章中，我们将探讨其中的两个领域，环境伦理学和生物伦理学。它们提供了一种特殊的机会，让我们看到避免学科陷阱的可能性。

环境伦理学：制度方面的历史

环境哲学的历史和西方哲学的历史一样古老。但是，"环境伦理学"于20世纪70年代才出现,是学科文化的产物。

在过去的几千年中,它并没有被叫作环境哲学;它使用的是不同的名称,比如宇宙论和自然哲学(*Naturphilosophie*)。然而,相同的思路把泰勒斯和谢林联系在一起。几千年来,西方的哲学思索都是在自然的总体框架内进行的。哲学家们试图通过将人类的行为与宇宙的模式结合起来,来引导人类的行为。自然秩序同时也是一种道德秩序,而伦理就是与普遍的自然节奏建立恰当的关系。从神学的角度看,自然世界的秩序证明了一种善意的天意——地球被置于其关切的中心。于是,"环境哲学"在外界被视为一种政治学和神学,既是一种个人行为准则,也是一种理论工作。

自然哲学的消亡始于达尔文时代。《物种起源》(*The Origin of Species*, 1859)割断了自然秩序与道德秩序之间的联系。现在,帕利(Paley)的自然目的论受到了反驳,人的眼睛的存在,与其说是对造物主的艺术的证明,不如说是在地质年代的时间跨度中,由于选择压力而产生的数量惊人的随机事件的结果。剥去与神学的联系和更多含义,自然科学以一种冷酷的眼光打量着自然世界。

这就是100年来事情的基本状况。当环境哲学在20世纪70年代重生时,这个领域被称为环境伦理学。正如约翰·帕斯摩(John Passmore, 1974)所写的那样,这标志着人类对自然有责任,但不是为了自然:自然的形而上学已经被物理学所取代,就像认识论被自然化,神学(除了作为社会科学)被学术文化所抛弃那样。但即使这样,环境伦理学也成为对更大的社会力量的一种回应。像《寂静的春天》(*Silent Spring*, 1962)和圣芭芭拉石油泄漏(1969)这样的文化事件,导致了地球日、清洁空气和清洁水法案的通过以及由理查德·尼克松创立的美国环境保护署(Environmental Protection Agency)。所有这些事件都发生在学术领域的正式建立之前——可以被追溯到贝尔德·卡利科特(Baird Callicott)于1971年开设的为人所知的第一个环境伦理学课程。(卡利科特说,这一课程本身是由他所在的校园——威斯康星大学的史蒂文斯波恩特分校——举行的地球日活动引发的。)

该领域的第一个哲学期刊是《环境伦理学》(*Environmental Ethics*),直到1979年才成立(此后又有4个刊物创刊)。该杂志促成了一个新的哲学研究领域。20世纪80年代思想大发展的年代。重要的概念被创造出来:内在价值和道德考量、人类中心主义、生态中心主义、生物中心主义、素食主义和动物解放,它们之间存在着相互竞争的关系。一个知识共同体随之出现。在物种灭绝、环境修复和气候变化等一系列以前不曾被关注的问题上,人们认识得越来越清楚。

这一领域取得了一些成功。它挑战了长期存在的伦理规范。环境曾经是我们活动背景中没有被考虑的因素;现在,社会提出了关于谁——或者什么——应该得到道德考量的问题。其他物种乃至整个生态系统的道德地位已经成为一个公开的话题,挑战了我们关于动物和自然本身的达尔文式假设。这些讨论逐渐深入人心,这一事实反映出"渗透模式"的成功。善待动物组织(PETA)的积极分子和倡导类人猿的人格地位的人也表现出了他们在这一领域的影响力——这与20世纪的元伦理学中关于自由意志或认知主义与非认知主义的争论截然不同。

然而,尽管环境伦理学的话题是新颖的,甚至是一种范式的突破,但环境伦理学家的工作方式却仍然在学科的范围内。总体而言,他们的工作主要是概念分析,而不是一种嵌入式的实践。环境伦理学家并没有质问,哲学的体制和学科性质是否影响了他们工作的理论关注点和实践效果。在很大程度上,环境伦理学仍然是在学科内进行努力,这样,它就把自己置于哲学和社会的双重边缘。当然,这在一段时期内也是有意义的;大学是思想的孵化器,在那里可以培养和产生新思想。但到了20世纪90年代初,甚至一些环境哲学家也开始对其与外界隔绝的问题感到不满意。该领域的创始人之一布莱恩·诺顿(Bryan Norton)在《环保主义者的联合》(*Toward Unity among Environmentalists*,1994)一书中主张,相互之间的理论斗争导致人们错失了影响政策的机会。安德鲁·莱特(Andrew Light)和埃里克·卡茨(Eric Katz)在他们的选集《环境实用主义》(*Environmental Pragmatism*, 1996)中指出:"环境哲学家的内部辩论虽然有趣、刺激和复杂,但似乎对环境科学家、活动家和政策制定者的讨论没有真正的影响。"

该领域的其他人也表达了他们的担忧。《环境伦理学》(*Environmental Ethics*)的创始编辑尤金·哈格洛夫(Eugene Hargrove)对该领域缺乏更大的社会影响表示遗憾。他在1998年的一篇编者按《20岁的环境伦理学》(*Environmental Ethics at 20*)中指出,与最初的希望相反,环境伦理学仍然由一群向内看的思想家组成,他们的工作是从事理论辩论(Hargrove,1998)。2003年,他再次提出了这个问题。"问题出在哪? 这是谁的责任?"他解释了为什么环境伦理学家没有在政策制定中发挥更大的作用(Hargrove,2003)。虽然环境伦理学的观点已经被整合到环境科学课程之中,并促成了保护生物学这一新的研究领域的诞生,但哈格洛夫发现在政策课程中几乎找不到环境伦理学的影子。在哈格洛夫的解释中,环境伦理学被政策分析背后的哲学预设边缘化,政策分析对人类动机的理解来自经济学。古典经济学把人类看作是关注经济利益的理性计算器,并认为需求和欲望仅仅是主观偏好的表达。古典经济学也把自然世界看作是一系列可以被改造和升级为资本的资源。伦理的考量被安置在另一边。

但哈格洛夫的解释使人们很难辨明因果关系。环境伦理学家是否因为哲学上的偏见而边缘化? 或者———一种哈格洛夫没有讨论的可能性———还是因为环境伦理学家一直致力于高深的理论,而不是持续地与广泛的利益相关者一起工作,而导致哲学偏见的产生? 也许如果他们采取了一种不同的"硬"标准,并参与到政策讨论中去,他们或许会取得更大的成功。但是,这当然只会让人们更加担心,他们是否应该被视为"真正的"哲学家。哈格洛夫没有强调的另一个因素是,没有边界组织可以帮助将环境伦理学的工作整合到公共政策中去。与第五章讨论的生物伦理学相比,可以发现,这是生物伦理学取得相对成功的一个原因：政策制定者建立了制度空间，在那里生物伦理学家可以在实时的、现实世界的决策制定的讨论中占有一席之地。

不可否认的是，到1990年，环境伦理学已成为另一种学术专业。环境伦理学家在哲学部门工作，为专业的哲学读者写作，在专业期刊上发表文章，参加几乎完全由哲学家们参与的会议。他们使用的术语和理论需要具备相应的专业知识才能理解。对环境伦理学感兴趣的研究生的训练是为了到哲学部门工作，而不是与科学家、活动家或政策制定者合作。既没有在实践层面（例如推动美国国家公园管理局的实习计划的发展）也没有在理论层面（例如当我们的受众由非哲学家组成的时候，我们讨论的性质如何做出改变？）对知识生产的学科模式进行质疑。

也有一些明显的例外。例如，安德鲁·赖特在担任教授几年后，曾为智库工作，后来又为美国国务院工作；但是，他仍然在政治和学术领域保持工作。密歇根州立大学的保罗·汤普森曾在美国国家研究委员会任职，曾与孟山都公司合作，并向美国政府提供有关农业伦理的建议，这一切都发生在他在自然资源学院任教期间。克里斯汀·施雷德·弗雷切特（Kristen Shrader-Frechette）在风险评估、公共卫生和环境正义等问题上与科学家、工程师、决策者和非政府组织进行合作。我们还可以列举其他的例子，我们自己也曾与美国地质调查局和公民组织合作，讨论关于酸矿排水和水力压裂法（及其他）问题。但是，这个领域的核心在性质上仍然是坚定的（如果是无意识的）学科归属的。

环境伦理学文献的调查

我们注意到环境伦理学通过"渗透模式"已经在产生更广泛的影响上取得了一些明显的成功；但是，如果尝试采取一种更积极的方式来对待世界，应该怎么做呢？有许多途径可以为此类努力提供证明。我们可以采访那些与环境问题有关的人，看看他们是否受到了环境伦理学的影响。或者到期刊中广泛地寻找引用次数。或者在大众媒体上搜索被提及的次数。与前一章一样,我们采用的方法是对环境伦理学期刊进行调查,寻找那些对广大世界产生影响的研究。

我们的文献调查主要集中在五个期刊:《环境伦理学》(创刊于1979年)、《环境价值》(Environmental Values, 1992)、《伦理与环境》(Ethics & the Environment, 1996)、《环境哲学》(Environmental Philosophy, 2004)、《伦理、政策与环境》(Ethics, Policy, and Environment, 2011)。我们总共整理出3355篇文章。我们的调查(和以前一样,由我们的研究生凯莉·巴尔领导)采用了与之前调查应用哲学文献的相同方法:阅读每一篇文章的标题、摘要和(可利用时)第一页。如果一篇文章符合了以下两点的其中一个或两个,它将会被完整阅读:

1. 关于环境伦理学的范围与目标之边界的研究,包括讨论它与作为整体的哲学学科、其他学科或公共／私人部门之间的关系。

2. 将环境伦理学的观点整合到学术之外的特定情境中,包括讨论在这方面的困难以及成功互动的最佳实践案例。

我们再次遇到相同的情况,绝大多数的文章都没有涉及这两个方面。大约98%的文章都局限于对环境伦理学和哲学问题的概念分析:环境价值的本质(如内在的与以人类为中心的),对不同世界观的描述或批判,或诸如濒危物种或爱河事件(Love Canal disaster)等环境问题的哲学维度。很明显,这些文章都是为哲学专业的读者而写的,没有显示出把实施计划纳入其分析中的任何迹象。

大约1%的(33篇)文章涉及我们的第一个方面——寻求确定环境伦理／哲学的范围和目标之边界的工作。这些文章提出了关于环境哲学家应该尝试去完成什么,他们应该怎么做以及该领域应该解决的问题类型的问题。例如,在2007年的一篇文章中,史蒂芬·加德纳(Stephen Gardiner)叙述了他的许多学生和同事对当代环境伦理学的不满,他们对现在的实践没有提供足够的指导意见。加德纳呼吁一种"转型伦理"(ethics of the transition)以实现更可持续的未来。但他没有对这一问题的原因进行解释(Gardiner,2007)。

第二种类型的文章总数接近1%(25篇,或0.75%),它们提出了一个问题,即环境哲学的理论取向是否在学术之外产生了实际的效果。例如,在1979年的《环境伦理学》的编者按中,哈格洛夫概述了他对该领域的目的的理解:在环境伦理学方面发展研究生教育,以影响那些后来成为环境专业人士或政策制定者的人。1993年,卡茨和欧斯利认为,一个非人类中心的框架有助于解决当地经济发展与环境保护之间显而易见的困境。2014年,卡尔贝沙讨论了人们对环境价值的关注是如何影响和丰富非洲几个国家的公共政策的。但是,在所有这些案例中,没有任何迹象表明作者实际上参与了政策过程,或者环境哲学家有任何特殊的义务去追踪或研究他们的分析所带来的结果。例如,如果卡茨和欧斯利的分析解决了一个普遍的政策问题,他们是否有责任通过与政策制定者的合作在实践中检验这些发现?哈格洛夫的杂志是否应该追踪环境伦理学专业的毕业生对环境专业人士和政策制定者的影响——然后,也许会提供一些方法来加强这种影响力?

第二类的许多文章是由该领域的领军人物所完成的。我们已经注意到诺顿和莱特的评论,其中有7篇文章是哈格洛夫的编者按,这一事实表明,自从创立《环境伦理学》(特别是1989年、2000年和2012年)以来,这一领域几乎没有什么实际影响。我们自己写了几篇此类文章(例如,Frodeman, 2006, 2007, and 2008)。2007年,弗洛德曼和戴尔·贾米森(Dale Jamieson)一起组织了一次关于环境伦理学未来的研讨会,提出了影响的问题。在那一年末,《伦理与环境》的一期特刊出版了来自该研讨会的一系列评论[包括卡利科特、诺顿、哈格洛夫、加德纳、本·敏特尔(Ben Minteer)、霍姆斯·罗斯顿三世(Holmes Rolston Ⅲ)等]。

环境哲学家们经常声称他们应该更多地参与到政策制定者或其他利益相关者的工作中去。与此同时,他们也看到了这种关系中存在的问题。迈克尔·布鲁纳(Michael Bruner)和马克斯·厄尔施莱格

(Max Oelschlager 1994, p.384)对此这样描述：

> 由于生态—哲学话语通常与主流社会范式背道而驰，并以一种无法让公众接受的语言提供其伦理方面的洞见和生态方面的灵丹妙药(ecological panaceas)，所以，从一开始，它似乎就是无效的。换句话说，环境伦理学似乎无法推动一个民主的多数派来支持可持续发展的政策。

克里斯多夫·摩尼(Christopher Manes, 1988)认为，环境哲学甚至不应该被视为哲学。相反，由于环境伦理学"就其到目前为止的表现来看，不在哲学稳定的成就之列"，它更应该地被描述为一项任务——"其成就在于实际地并根本地改变导致环境退化的技术力量系统"(Manes, 1988, pp. 81-82)。

然而，这些讨论并没有研究对是否正在建立与政策的联系进行评估的方法。然而，许多作者(如，Norton, 2007; Minteer, 2007)却详细讨论了环境哲学与政策制定的相关性，我们的调查没有发现作者实际上参与了政策过程，或者这是一项适合环境哲学家的活动。现在，我们从私下的接触中了解到，例如，诺顿和敏特尔在非哲学期刊上讨论了哲学话题［如《应用生态学杂志》(Journal of Applied Ecology)和《U.C. 戴维斯法律评论》(U.C. Davis Law Review)］，并与哲学共同体以外的团体合作。但是，即使他们(和其他人)参与到公众事务之中，他们也不会回到环境伦理共同体中间来分享他们的成功和失败的经历。在这些努力成为正式的研究成果之前，这种工作将仍处在学术的边缘，缺乏该领域的认可和支持——人们该领域中可以丰富彼此的经验。

相对于应用哲学家，环境哲学家更加关注如何应用他们的哲学见解的问题。在原始数据方面，与应用哲学相比，环境哲学对此问题的关注度略高一些。尽管如此，情况仍然不是很乐观。在第二组的25篇文章中，几乎所有人都一致认为，环境哲学与实践是不相关的。从他们自己的说法来看,环境哲学家们未能产生造成社会变化的影响,而他们认为这是解决环境问题的必要条件。但似乎没有人认为这种失败本就是一个值得进行哲学研究的问题。

最后,我们注意到,我们对这种缺乏实际效果的解释——学科陷阱——是与其他人提出的批评意见相反的,他们认为这一领域缺乏哲学上的严谨性(例如,Thompson,1990)。因此,认为应该加强应用哲学在理论上严谨性的辩护(例如,Young,2004)是不得要领的。或者更确切地说,这使得局面更加恶化:使应用伦理学更加"严谨"(传统的理解,而不是我们提倡的另一种严谨性)将导致更大的学科孤立。因此,环境伦理学的主要结果——违背了它自己的意愿——并没有帮助那些在实际问题中挣扎的人。它一直在作为一个学术学科在完善自己的理论和方法。

对严谨性的盲目崇拜是知识生产的学科模式这一社会制度的重要组成部分。虽然环境伦理学对研究各种各样的"外部"问题(比如可持续性和资源消耗)有着很高的"热度",但它只会以学术的语言来讨论问题。公共政策制定者、工程师、活动家、医生或经济学家对环境伦理学的贡献并不是该领域首先考虑的方面——如果它被考虑的话。当其同行赞同她对环境正义的罗尔斯主义的描述时,环境伦理学家就感到很满足,即使她的工作没有机会落在一个真正在做决策(比如,关于废物管理设施的选址)的人的桌子上。环境伦理学和理论哲学有着相同的责任缺失,因为它们有着相同的学科文化。

其他指标与田野中的环境哲学

我们的调查在环境伦理学是如何(或为何没有)思考实施问题和更广泛影响的问题上获得了一种见解。当然,这项调查只是初步工作,还需要发展其他指标来更好地处理影响的问题。有迹象表明,哲学共同体正变得更加关注这些问题。例如,普莱桑斯和马克莱维启动了一个项目来调查 1952 年到 2014 年科学哲学在自然科学和社会科学中的应用情况。[1]我们与布里特·霍尔布鲁克（Britt Holbrook）合作，一直致力于更广泛影响〔既在哲学内部，也横跨整个学术界，开始于 2005 年（如，Frodeman 2006；Holbrook 2009）〕。

在 2015 年，我们尝试了另一种方式来解释哲学是如何或是否思考实施和影响问题的，即通过参加那些对实践或应用哲学感兴趣的哲学会议。我们在一年的时间里参加了 5 个会议。[2]总体的感受并不令人满意。在大多数情况下，对发展哲学实践或实现想法的方法的关注似乎是微乎其微的。人们很少认识到谈论与社会相关的问题和参与其中的根本区别。大会发言对哲学家探索非传统空间进行了描述——例如，"探索发现的实践：对生物工程科学实验室的研究"。但它却主要描述和分析了实验室对哲学家所具有潜在意义，而不是描述试图将哲学见解融入实验室的工作。一次又一次的会议印证了我们所说的学科陷阱的观点。

然而，有一次会议给我们留下了不同的印象：国际环境伦理学会（ISEE）2015 年的年会。我们中的一位（弗洛德曼）自 20 世纪 90 年代起就参加了环境哲学会议，并参加了一个环境哲学学会的成立大会。[3]我参加这些会议也已经有 6 年的时间了。2015 年 7 月，国际环境伦理学会在德国基尔举行了会议。这次会议与 21 世纪头 10 年中期的区别是惊人的。在过去，参会者通过阅读论文来发表演讲，现在，大多数参会者都使用幻灯片来进行演讲。从本性上来看，论文是玄奥的、令人沮丧的对话，而会谈则是对话性的，更容易为更广泛的听众所接受（事实上，ISEE 的听众并不局限于哲学家）。这为营造一种更加跨学科的氛围有所助益：过去，人们偶尔听到关于现实世界的问题，它通常是为了阐明一个哲学观点。现在，演讲者显示出他对气候变化或物种重新引入等问题的深刻理解。用表格和图表来支撑观点是很常见的，并且在听众中不再引起意外（或疏离感）。

在这六年的 ISEE 会议中，会议模式从阅读论文（例如，错综复杂的内在价值或即兴提及现实政策问题）到关注现实问题，甚至在一些案例中，对这些问题的决策细节也了如指掌。这是令人印象深刻的转变。但与此同时，人们几乎没有意识到还需要更进一步：为这些想法如何渗透到更广阔的世界提供一个实施的方案；或者实际地参与到这些问题中，从而为哲学思想提供一些动力；或者把实施和影响的问题视为哲学问题。人们现在引用政府间气候变化委员会（IPCC）的报告，证明他们对诸如碳汇（carbon sinks）、甲烷释放和生物燃料等问题比较了解；但是，关于他们的见解如何通过"渗透""翻译"或"知识的共同生产"来影响利益相关者，并没有理论上和实践上的说明。

我们还注意到文献中缺少的东西——对环境政策辩论中的哲学工作进行说明。但这样的说明会是什么样的呢？这是一个棘手的问题，部分原因是，要想弄清楚那些对语境敏感的细节——这对于参与决策是至关重要的——需要写一本书［我们写了这样一本书（Briggle，2015）］。尽管如此，我们还是想给大家感受一下大致的情况，对这种工作进行一个简单的说明。人称代词"我们"将切换为"我"，因为这个故事主要涉及我们中的一个（布瑞格尔）。

2015年10月，丹顿市电力公司（DME，一家位于得克萨斯州丹顿市的公用电力公司）宣布了"可再生丹顿计划"（RDP）。当时，丹顿电力公司30%的电力来自燃煤电厂，30%购买于埃尔科特市场（得州电力可靠性委员会，解除管制的德州电网），40%的电力来自风力发电。RDP提议将来自可再生能源的电力的比例提高到70%（52%的风能，17%的太阳能和1%的垃圾填埋气），市场购买比例占17%，13%来自两家计划在丹顿选址的新建的天然气发电厂。电厂的建设成本大约是2.5亿美元。但是，该计划的总体影响实际上会降低用电价格，并会节约5亿美元的成本（参照过去20年的情况）。在环境方面，丹顿市电力公司还预计，RDP将减少约75%的氮氧化物、挥发性有机化合物、颗粒物、二氧化硫、二氧化碳和甲烷的排放量。

作为公共事业单位，丹顿市电力公司需要市议会的批准来实施

"可再生丹顿计划"。这个过程还需要一个公开听证会。除了这些要求之外,丹顿市电力公司还举办了两场开放参观日和公开问答活动,以回答公众的问题。丹顿市电力公司遇到了来自一个很小但非常活跃的环保主义组织的强烈反对,他们反对在丹顿建立天然气发电厂的计划。丹顿市电力公司有 4 万名客户,而且我们可以负责任地说,99% 活动的参与人数不到 100 人。这些反对意见包括对当地空气质量的影响、气候影响以及对丹顿市电力公司的普遍不信任——事实上,该计划的大多数反对者都极力要求独立的审计机构或第三方咨询机构来检查电力公司的声明,这一要求在市议会的决定中以 4∶3 的比例得到了最终的批准。

这场争论的背景是,丹顿市刚刚成为德州第一个禁止使用水力压裂法(hydraulic fracturing)开采天然气的城市。丹顿市及周边范围内有 280 口天然气井,而有时候在距离房屋不到 200 英尺的地方就采用水力压裂法。我协助领导了要求禁止采用水力压裂法的运动。反对丹顿市电力公司的团体很大程度上是由活动家和一些我与之密切合作一年多(在某些案例中是 5 年)、为禁令进行游说的其他居民组成。他们中的许多人都希望我能带头反对天然气电厂,当我在我的博客和公众评论中采取更多开放的态度时,他们变得很沮丧。

我觉得我的角色是帮助促成一个关于该计划——充满了非常困难的技术上的复杂性,对价值权衡来了挑战以及概念上的混乱——的诚恳的会谈,压裂法的禁令是关于一个在离居住地太近的地方实施工业活动中的土地使用政策的问题。很明显,"可再生丹顿计划"的问题与之是有联系的,但我认为它有足够的不同和足够的复杂,使得开放和质问成为恰当的处理方式,而不是完全地拒绝。

作为一个围绕该问题的概念复杂性的例子,丹顿市电力公司估计,可再生能源计划将使丹顿市的天然气使用量减少 37%,这意味着将减少约 12 个天然气井来满足城市的电力需求。许多人认为这是烟雾弹和骗人的把戏:任何新的化石燃料基础设施的建设都必然需要使用更多的化石燃料;这些发电厂只会在现有排放的基础上增加更多的温室气体(和其他气体)排放。毕竟,丹顿市电力公司也计算过,它将需要58个气井才能为这两家拟建的电厂提供燃料。然而,我认为丹顿市电力公司的主张在概念上是合理的。用于供应这些发电厂的天然气即使不被他们使用,也会被其他天然气发电厂使用。拟建中的天然气发电厂不仅会满足丹顿市13%的需求,还可以在埃尔科特市场上出售电力。这些电力将会取代旧的、污染更严重的天然气发电厂所产生的电力,如果不建新的天然气发电厂,这些电厂将会仍然在市场上运行。

我越来越发现自己和我的(现在可能已经是以前的)朋友们在意见上存在的差异。我觉得我的角色是帮助引出无论对支持者还是反对者都是最有争议的观点。大多数反对意见都是混乱的,而且经常是在攻击一个假想的敌人,所以我尽了最大的努力——通过博客,在市政厅和咖啡店里的会谈——把坏论点之糠从好观点之粮中分离出来。许多人(包括一些来自丹顿市电力公司和市议会的人)对我的努力表示赞赏。然而,也有许多人认为我是"摇摆不定的",我为了"眼前的目标"而耗尽能源,却声称是为了反对建天然气发电厂。事情变得很糟糕,有些人把我的博客称为"呕吐物",并指责我是丹顿市电力公司的一名"托儿"。

这是我们之前讨论过的另一种"困难"。作为这个领域的一个哲学家,我首先必须听取各方的主张,并在能源市场的技术问题上进行自我学习。我要召集丹顿市电力公司官员、市议会成员以及各种各样市民——拥有不同的背景知识——进行额外的会谈。在我早期的评论中,我主要呼吁更多的时间去思考和更多的选择,而不仅仅是针对"可再生丹顿计划"的现状。我还批评了制订"可再生丹顿计划"的过程,我认为这一过程还不够全面也不透明。这一过程导致了大量的不信任和沟通失败,而这些失败本来是可以避免的。在我后来的评论中——包括当地报纸的一篇专栏文章(Taylor and Briggle, 2015),我质疑了"可再生丹顿计划"的组成要素,并倡议更广泛的选择。然而,我继续听取了该计划的支持者们的意见,并对它的优点越来越赞赏,这在很大程度上是澄清了一些概念上的模糊点,这些模糊点让我早些时候提出了一些不正确的主张。

最终,我在这个问题上打磨了自己的立场,并与他人分享了我的观点,同时也招致了批评和反驳。我开始认为,许多基于气候变化的论点来反对该计划的主张并不十分有力。我强调需要一个关于天然气发电厂的空气质量影响模型——在我们几个人开始努力推进这一点之前,整个城市似乎一直对此没有重视。我还倡议渐进性地推进可再生能源,因为能源购买协议似乎具有经济意义。贯穿我的倡议的始终,我都非常注意我的修辞。我要强调的是,理性的人在这个问题上可能会有分歧,因为我们需要平衡一些价值(价格、可靠性和可再生性),还因为我们要处理的是一个变化的市场上30年或50年的时间跨度。在这种情况下,不确定性和必要的解释可能会以多种方式呈现。通过这种方式,我不仅希望能促成一种更高质量的民主辩论,而且还希望树立文明和谦逊的典范。

如果让"公众"来评价我,我敢肯定(从 Facebook 的帖子来看),我会得到一份好坏参半的评价。有些人说我"在理智上不诚实""虚伪",还指责我对这个问题的了解是"零减二"(zilch minus two),支持"新极权主义",被市议会的某些成员的"锁链所绑架"。其他人则说(来自市议会的一名成员关于我的一篇博文的评论)"这篇文章阐述了不同观点之间的关键问题和关键争议点,比我看到的任何东西都要好"。一位感兴趣的公民评论道:"对于我们这些仍在努力解决所有问题的人,我觉得这非常有用……谢谢你的参与,为这场辩论做出了有意义的贡献。"

请别搞错:我的观点还没有获得胜利。但是我可以为我们共同体的对话增加一种新的视角。我的目标是找出更多的选择,提供一种文明的、公正的话语模式,同时澄清概念问题,并揭示隐藏的价值观——这些目标很容易超越争议的细节。

注　释

1. 参见 http://plaisance-mclevey-lab.github.io/。

2. 关于科学和工程的并与社会相关的哲学的联盟，公共哲学网站，实践中的科学的哲学学会，国际环境伦理学学会，美国生物伦理学和人文学会。

3. 国际环境哲学学会成立于 1997 年。

第五章　生物伦理学

　　作为应用哲学的不同种类,环境伦理学和生物伦理学在我们的社会想象中占有不同的地位。一方面,环境伦理学聚焦于主要由环保狂关注的诸多晦涩主题,就其最大目标——使社会相信环境健康和可持续发展是人类所有努力的必要条件——的实现而言,该领域已经失败。另一方面,"生物伦理学"则可以被直观地理解。可能实践伦理学的其他领域都不会像生物伦理学这样容易被人理解,但也如此容易激怒人们,无论其主题是医疗配给,还是高额的处方费用,抑或是奥巴马声称的"死亡小组"(Death Panels)。

　　这两个领域也有相似之处。正如所注意到的环境哲学一样,医学伦理学与西方哲学一样古老。此外,与环境伦理学一样,生物伦理学是20世纪的产物,其发展受历史事件和技术科学发展的推动。但我们不能像宣称环境伦理学那样宣称,生物伦理学是20世纪哲学和学科文化的产物。当生物伦理学在20世纪70年代作为一个不同的领域出现时,它经历了跨学科的努力——律师、医生、护士、科学家、神学家、社会学家和哲学家——有时竞争,有时合作。如果"应用哲学"指的是纯理论哲学在社会所关心的问题上的应用的话,那么生物伦理学从来就不是"应用哲学"。生物伦理学的起源并非如此纯粹,这成为它在更大程度上成功影响社会的关键所在。

　　在西方,医学伦理学可追溯到希波克拉底誓言(公元前4世纪),

它把医生的责任编纂为法典（虽然其起源存在争议：部分誓言似乎反映了毕达哥拉斯哲学而非希波克拉底哲学）。柏拉图也曾论及医学伦理学问题：在《理想国》中，苏格拉底大力呼吁关注病弱者，当然作为整体的柏拉图文集关注的是医学伦理学，因为哲学家被认为是灵魂的医生。而且，柏拉图和亚里士多德都讨论了诸如堕胎的容许性、身体的护理等级等问题。最近，正式的医学伦理学的发展是19世纪医学专业化的关键部分。医生的社会力量随着他们对医学合法性实践的垄断而逐渐壮大。医学伦理，尤其作为行为规范，是负责任地行使权力的责任表达。这种责任的中心是仁爱原则：不伤害。医学伦理巩固了一种信任关系：社会依赖医生使用其知识是为了变好而不是变坏。

这种信任被纳粹医生在集中营囚犯身上进行的可怕实验所破坏。第二次世界大战后，国际军事法庭对23名纳粹医生进行了审判，被称为十二"医生审判"或"纽伦堡后续审判"。呼吁一种超越任何国家法律的原则，起诉书称"反人类罪"。该审判的重要结果之一是1946年发布的《纽伦堡法典》，它试图界定合法的医学研究。

科学家在纳粹实验中扮演的核心角色突出了重新思考医学伦理学界限的必要性：研究和治疗的关系日益密切，各自都引发了伦理和真正的形而上学问题。在20世纪后半叶，迅速发展的生物医学科技力量引发了诸多哲学问题，挑战着医患关系的范围以及约定俗成的自然状态。"生物伦理学"标志着一个更大、更模糊的领域。当患者寻求更大的自主性和质疑权威时，它挑战医生曾一度对制定伦理问题框架的控制。正如两位生物伦理分析家所言："如果传统的医学伦理学是自我批评、自我控制的形式，那么生物伦理学至少在初始阶段代表了公共批评和公共控制。"（Dzur and Levin 2004, p. 336）生物伦理学的历史有一部分是争论这个"公共"是谁、作为新事物的"生物伦理学家"应该如何与之联系。

生物伦理学:制度史

我们可以把生物伦理学的当代制度建立追溯到第二次世界大战,把医学技术的迅速发展追溯到20世纪后半叶。快速回顾一下这段历史,它突显生物伦理学的跨学科性和交叉学科性根源。生物伦理学不是产生于学院内的某个单一学科,而是产生于包括实践和理论等多个来源的镶嵌图案式的积累。

《纽伦堡法典》呼吁悠久的善行传统,但也强调同意原则。[1]正如法典的首行所写:"受试者的自愿同意是绝对必要的。"《纽伦堡法典》促使世界医学协会(WMA)在1948年通过了《日内瓦宣言》(Declaration of Geneva)。世界医学协会又于1964年通过了《赫尔辛基宣言》(Declaration of Helsinki),该宣言概述了一系列进行实验时的伦理准则和保护人权的指南。生物伦理学的这些基础都共同聚焦于个人的自治权。

在20世纪的下半叶,新兴的生物医学技术引发了大量哲学问题。显著的例子包括:由1953年发现的DNA双螺旋结构开启的基因组学和分子生物学时代以及1954年人类肾脏的第一次成功移植;1960年口服避孕药的推出和其他辅助生殖技术(包括体外受精,1979年第一个"试管婴儿"出生)为性革命铺垫了基础;60年代和70年代也见证了"从在家里去世到在医院或者其他机构去世的重大转变"(Callahan, 2004, p. 279)。新技术常常使医生有能力产生对病人来说并不总是有益的结果。他们可能使拯救生命变得非常有限,或者强制做出一些以牺牲他人为代价去救治生命的决定(参见Alexander, 1962)。"救治还是让其死去?"成了高于一切的问题。该问题于1970年第一次被詹姆斯·切尔德里斯(James Childress)在文章《当不是所有人都能活着时谁应该活着》中进行了系统探讨。切尔德里斯是生物伦理学的奠基人之一,也是哲学家和神学家。姑息治疗的进展促使思考何时给予或撤下维持生命的治疗成为一个更紧迫的问题。

在20世纪60年代初,这样的问题占据着血液肾透析讨论的中心。当时没有足够的机器来满足公共服务的需求,美国在各州层面主要所面临的问题是如何去分配这些稀缺资源。有些州使用了福利彩票系统,但在西雅图、华盛顿组建了公民委员会来做这些决定。由于审议的重要性,《生活》杂志称其为"上帝使团"(God Squad)(Alexander,1962)。血液肾透析技术的发明者贝尔丁·斯克里布纳尔(Belding Scribner)博士在1964年的演讲中预测该技术遇到的伦理问题"将会随着其他新的、复杂的、昂贵的救生技术的发展反复出现"。

1970年生物化学家、肿瘤学家范·伦塞勒·波特(Van Rensselaer Potter)在一篇试图构建环境与人类健康、科学与人文之桥梁的文章中创造了"生物伦理学"这一术语(参见Potter,1970 and 1971)。此后,一系列机构开始创建。1971年政治家萨金特·施瑞弗尔(Sargent Shriver)、荷兰牧师和医生安德烈·埃勒热斯(Andres Hellegers)与乔治城大学的其他人员创立了"约瑟夫与罗斯·肯尼迪人类生殖和生物伦理学研究中心"(Joseph and Rose Kennedy Center for the Study of Human Reproduction and Bioethics),即现在的"肯尼迪伦理学研究所"(Kennedy Institute of Ethics)。1969年哲学家丹尼尔·卡拉汉(Daniel Callahan)和精神病学家威勒·盖林(Willard Gaylin)创建了"社会、伦理与生命科学研究所"(Institute of Society, Ethics, and Life Sciences),后来成为"黑斯廷斯中心"(Hastings Center),它不是某大学的附属机构而是一个独立的"智库"。

这一时期人类受试者研究的丑闻持续爆发。1966年麻醉学家、医学教授亨利·比彻(Henry Beecher)在揭发性文章《伦理与临床研究》中揭露了人类实验中20多种令人不安的做法。在许多丑闻中联邦政府扮演了被动、临时的角色。但在1966年,美国国立卫生研究院(U.S. National Institutes of Health, NIH)创建了一个分散式规范系统,首次对委派给传统个体研究者的决定进行集体监督。该系统的核心是伦理审查委员会(IRBs)——由部分非科学家组成的分散小组委员会审查涉及人类受试者研究提案的伦理问题。

1972年臭名昭著的塔斯基吉梅毒实验(Tuskegee Syphilis Experiment)公之于众。在该实验中,美国公共卫生部于1932—1972年放任亚拉巴马州农村非裔美国男性梅毒的自然发展,而不予以治疗。次年NIH提议鼓励医学研究使用死亡前的活胎。1974年美国国会通过了《国家研究法案》(National Research Act),禁止联邦政府资助任何违反NIH标准的研究,其中一项就是禁止对"心脏跳动"胎儿进行研究的修正案。这一公法的其中一部分是授权成立临时的"保护人类受试者的生物医学和行为研究国家委员会"(又称国家委员会),由马里兰州的肯尼斯·J.瑞恩(Kenneth J. Ryan)博士主持。国会指控它确立"基本伦理原则"指导涉及人类受试者的生物医学研究。这包括以前的规范所依据的明晰的理论原则。

国家委员会由来自"一般民众"和来自科学和非科学学科(包括哲学、法律和神学领域等)的11位成员组成。其中从事科学研究的成员不超过5人,这表明国会致力于将人类实验置于外部监督之下。国家委员会负责分析涉及人类受试者研究的问题。它发布了包括囚犯、机构认定的弱智者、活胎和儿童等弱势群体的研究报告。这是第一所美国联邦级别的公共生物伦理机构,被正式认定为"政府创建、支持的进行伦理调查的公开成立的机构"(Fletcher and Miller, 1996, p.155)。虽然它自己没有强制执行权,但国家委员会促成了第一个保护人类受试者的生物医学和行为研究的联邦规范。在1979年,健康、教育与福利部(Department of Health, Education, and Welfare)采用这些规范作为一项涉及人类受试者伦理研究的政策声明,被称为"贝尔蒙报告"(Belmont Report)(National Commission, 1979)。这些在贝尔蒙报告中概述的规范和原则在伦理审查委员会(IRBs)中已经被制度化。贝尔蒙报告"对生物伦理学的发展产生了重大影响"。它的原则使得它进入该领域一般文献之中,而且在这个过程中,"行为研究的基本原则变成了生物伦理学的基本原则"(Jonsen, 1998, p.104)。"尊重人"的原则已经成为生物伦理学有争议的重要中心。

在这一整个时期,原则主义概念都是理论生物伦理学的主导路径。与此同时,许多其他路径——包括女性主义、决疑论(casuistry)、社群主义和各种神学的、保守的传统——与原则主义一同存在,且常常与原则主义竞争,它们之间也相互竞争(如 Clement, 1996; Callahan, 2003; Breck and Breck, 2005)。尽管原则主义被认为是形成了生物伦理学的"主流",但也可被视为只是生物伦理学所探究的诸多内容——美德伦理学、女性主义、自由主义和所有类型的宗教伦理学——的一种。

在 20 世纪八九十年代,生物伦理学在公共政策、公共辩论、行为研究和医学教育中拓展了影响。联邦级别的生物伦理委员会除 80 年代后期有短暂中断外,都是政府最高级别的组成部分。1993 年美国技术评估办公室发布了"美国公共生物伦理综述"(USOTA, 1993)。除了集中的联邦委员会,其他几个临时的、特定主题的咨询委员会和散布于地方的监督管理委员会,比如伦理审查委员会(IRBs)、医院伦理委员会(HECs)、DNA 重组咨询委员会(RAC)等,都发挥了大量的监督检测功能。受英国沃诺克委员会(Warnock Committee, 1982—1984)在辅助生殖领域的成功的激励,其他国家的生物伦理学委员会和伦理理事会也成倍增加。此外,20 世纪 80 年代和 90 年代初也见证了预测和讨论科学技术的伦理和社会维度的发展。这包括 1988 年"伦理、法律和社会影响项目"(ELSI)的建立。ELSI 项目由南茜·韦克斯勒(Nancy Wexler)主持,是美国联邦人类基因组计划(HGP)的一部分。作为 HGP 的委托代理机构,美国能源部(DOE)和美国国立卫生研究院(NIH)用 HGP 预算的 3%—5% 去研究社会、法律与伦理问题(参见 Juengst, 1996)。尽管如此慷慨,但作为历史上最高资助的哲学研究项目,ELSI 模式却把伦理和价值搁置到边缘位置,也从没有系统促进科学家和政策制定者之间卓有成效的对话。

1996 年克隆羊多莉出生后,作为民主党人的总统克林顿,要求他的生物伦理委员会提供一份关于克隆的报告。他们的报告建议颁布联邦法规禁止使用体细胞核移植(SCNT,如克隆)来制造孩子(NBAC, 1997)。重要的是,他们禁止此项研究的理由是克隆技术不安全——一种务实的而非哲学或宗教的条款。这是基于对贝尔蒙原则中善行和自治的特殊重视。当莱昂·卡斯(Leon Kass)在2001年被新上任的共和党总统小布什任命主持联邦生物伦理委员会时,他批评了生物伦理学的这种原则主义的做法。当民主党总统奥巴马2009年终止小布什的委员会并任命他自己的联邦生物伦理委员会时,它拒斥卡斯实施的生物伦理学风格——表明生物伦理学已牵涉进美国党派政治之中。

整个20世纪后半叶,生物伦理学、医学伦理学和医学人文学科的学院、中心和部门快速增长(参见 Levine,2007)。这些机构在很大程度上界定了医学、医疗保健、生物医学科技的伦理维度,而不是波特(Potter)设想的更为广阔的生态框架。现在,生物伦理学领域有将近40个硕士项目和6个博士项目。虽然这一领域仍然很难界定,但据估计已有50多家学术期刊致力于生物伦理学研究。美国生物伦理学与人文学科学会(ASBH)年会让人感觉到生物伦理已经成为了一个非常巨大的行业。成百上千来自不同学术领域、非学术领域的代表(哲学家约占总数的15%)聚在一起在酒店宴会厅讨论交流,与之相伴的是来自研究生学位点、研究机构和出版社的摊位。

生物伦理学文献回顾

在研究生凯莉·巴尔的再次帮助之下,我们评估了部分生物伦理学文献。我们的标准依然是:搜索反映该领域范围和目标的边界工作的实例,对把生物伦理学见解整合进社会(对影响的反思)中的说明,包括对最佳实践的描述。由于生物伦理学文献数量庞大,我们随机抽样调查了五种主要期刊。计算每个问题的平均文章数量后,我们估算需要抽取多少问题来收集文章总数的1/3——这给了我们一个类似于应用哲学和环境伦理学的样本量。对于每一种期刊,每个问题都按序编号,并由随机数字生成器产生一个与该期刊中抽取的唯一问题对应的数字集。我们调查了《黑斯廷斯中心报告》(Hastings Center Report,创刊于1971年)、《医学与哲学期刊》(Journal of Medicine and Philosophy,1976)、《生物伦理学》(Bioethics,1987)、《肯尼迪伦理学研究所期刊》(Kennedy Institute of Ethics Journal,1991)和《美国生物伦理学刊》(American Journal of Bioethics,2001)。这些期刊已发表了13987篇同行评议论文,我们总共调查了3625篇(见表5.1)。

表5.1 我们对生物伦理学文献的调查

期刊名称	文章数量	创刊时间（调查卷期）	边界工作	对影响的反思	全部荟萃分析
《黑斯廷斯中心报告》	1226	1971（1—45卷）	24	12	36
《美国生物伦理学刊》	1163	2001（1—15卷）	57	3	60
《生物伦理学》	541	1987（12—29卷）	14	4	18
《医学与哲学期刊》	527	1976（1—40卷）	15	11	26
《肯尼迪伦理学研究所期刊》	168	1991（1—25卷）	9	4	13
合计	3625		119(3.3%)	34(0.9%)	153(4.2%)

值得强调的是,绝大多数论文不包括研究者田野调查他们观点或提供实施计划的内容。尽管如此,荟萃分析文献的百分比——4.2%——是应用哲学(1.4%)的3倍,是环境伦理学(1.75%)的两倍多。大部分荟萃分析文献研究了边界工作(3.3%),而只有约1/4(0.9%)探讨成功、影响或最佳实践问题。许多生物伦理学的边界工作聚焦于方法问题。例如,在《美国生物伦理学刊》中,我们的调查选择包括三个特殊的方法论问题:其一,聚焦于作为指导生物伦理案例研究的事的作用(参见Chambers,2001);其二,聚焦于发展生物伦理学中的

系统分析(参见 O'Malley, Calvert, and Dupré, 2007; Robert, 2007);其三,聚焦于把实证方法纳入分析框架的重要性(参见 Kon, 2009)。

对影响的反思和最佳实践的一个很好的例子出现在《黑斯廷斯中心报告》中,从 2004 年到 2008 年,它有一个名为"田野说明"(Field Notes)的特色栏目。这些短篇详细讲述了学院之外的工作经历。它们被认为是生物伦理学家从医院、政策咨询委员会会议、国会办公室或医学院等"田野"反馈给"大本营"的报告。例如,伯林杰尔(Berlinger, 2004)描述了在她受邀做关于人类遗传学讲座后国家教会理事会(National Council of Churches)执行政策的变化。在审查黑斯廷斯中心的公共利益倡议时,约翰斯顿(Johnston 2008)描述了学习如何为记者设计谈话要点。除了百分比,与应用哲学和环境伦理学的文献相比,生物伦理学文献的观点有着明显的不同之处,即更具有实践基调和宽松的政策特殊性。《黑斯廷斯中心报告》的结构尤其突显了一种不同的方法:文章较短,以杂志的形式呈现,与政策前沿报告相交织。《黑斯廷斯中心报告》不仅关注生物伦理学的研究状态,还关注与生物医学研究和临床实践相关的更广泛的政策与政治活动。

从这些数字能够得出什么结论呢? 第一,在生物伦理学领域,"影响"之问题显然处于前沿和中心。大约 20 篇文章中就有 1 篇讨论该主题,调查表明在生物伦理学文献中把问题与影响结合起来的文章更为多见。尽管如此,一种情况仍然反映出它是学科的俘虏:大部分文章并未试图概念化、跟踪或评估影响。例如,我们几乎找不到讨论影响的路径或从思想到行动的机制的文献。然而,此处做俘虏的学科不是哲学:它是已经建构了许多自己的学科特征的生物伦理学的本土(autochthonous)领域(例如期刊和院系)。换言之,生物伦理学在一定程度上被流行的学科模式——被视为权威知识——所"俘获"。第二,正如前几章所提及的,在生物伦理学领域,我们的研究旨在发现的那种反思性确有发生,但不是在期刊文献中。例如,关于生物伦理学家的作用和认同的问题以及该领域在实践上成功的故事都出现在了 2015 年得克萨斯休斯敦的美国生物伦理学与人文学科学会（ASBH）会议上。² 显然该组织的成员已经强烈意识到了生物伦理学的历史，它一直在努力界定自己，以及它的许多制度表述都是跨学科和交叉学科的。我们在应用哲学或环境伦理学中已经遇到了一个与 ASBH 年会上的生物伦理学家一样的自觉反思性群体。

尽管有一些论著思考了这些领域的认同与影响，但肯定不会像在生物伦理学中那样成熟。这种反思性的著作有小崔斯特瑞姆·恩格尔哈特（Tristram Engelhardt Jr）的《生物伦理学基础》（The Foundations of Bioethics, 1996）、坎斯（Kass）的《生命、自由与尊严的辩护：生物伦理学的挑战》（Life, Liberty, and the Defense of Dignity: The Challenge for Bioethics, 2002）、朱迪斯·安德烈（Judith Andre）的《作为实践的生物伦理学》（Bioethics as Practice, 2002）、乔纳森·拜伦（Jonathan Baron）的《质疑生物伦理学》（Against Bioethics, 2006）、乔纳森·莫雷诺（Jonathan Moreno）的《生物伦理学进展》（Progress in Bioethics, 2011），以及约翰·埃文斯（John Evans）的《生物伦理学的历史与未来》（The History and Future of Bioethics, 2012）。还有一个专门从事生物伦理社会学的领域，它构成了对生物伦理学及其社会作用的反思传统（见 Sheehan and Dunn 2012）。³

在其他文献缺乏反思性的原因上存在另一种解释。在应用哲学和环境哲学领域，在期刊上发表论文很难产生影响。在这些子领域之外很少有人阅读这些期刊。这样，哲学家们面临着一个选择：他们可以寄希望于这种被动扩散的模式去产生作用，或者可以额外制定能将他们的见解整合到真实世界问题中的计划。这应该会反过来引发同行评议期刊对这项工作的反思。与此相反，生物伦理学已经充分整合进各种科学的和非学术性的机构，在顶级期刊发表论文本身就是一种获得更广泛受众的方式。所以，例如，《美国生物伦理学刊》（American Journal of Bioethics）上的一篇社论出现在了流行的在线杂志《板岩》（Slate）上（Mathis-Lilley, 2015）。与之类似，《美国生物伦理学刊》声称："我们的读者包括世界上几乎所有的研究生院和专业院校的师生,以及成千上万的民选官员和法官、大部分健康领域的新闻记者。"《黑斯廷斯中心报告》称其读者群包括"医生、护士、各种学者、管理者、社会工作者、健康方面的律师等"。生物伦理学期刊凭其自身能力可能已经成为直接、及时影响的载体,而不仅仅是思想的储存库。

生物伦理学的成功与局限

当在会议或其他场合谈论哲学如何没有足够的影响,以及没有对如何具有影响进行充分自我反思的时候,我们可以期待听到这样一个问题:生物伦理学如何呢? 我们赞同:生物伦理学是应用伦理学领域供求关系普遍崩溃的一个明显的例外。图尔明(Toulmin,1982)的这个观点基本上是正确的:"医学拯救了伦理学的生命。"生物伦理学的成功具有三个标志。第一,很容易找到个体生物伦理学家与利益相关者就实时社会相关性话题进行合作的例子。这不仅仅包括诸如亚瑟·卡普兰(Arthur Caplan)、路斯·福登(Ruth Faden)、乔纳森·莫雷诺(Jonathan Moreno)、卡尔·艾略特(Carl Elliott)和莱昂·卡斯(Leon Kass)等深受大众媒体关注的生物伦理学家,而且在美国生物伦理学与人文学科学会(ASBH)也是如此。该学会有1800名会员,很多会员从事着可能被称为"临床生物伦理学"的职业,在做学科学问之余还忙于具体问题的工作,或者以此代替学科研究。

第二,这不仅仅只是一次性的个人成就[比如说,安德鲁·赖特(Andrew Light)参与了环境政策制定,或者彼得·辛格(Peter Singer)在应用伦理学领域有影响]。相反,生物伦理学已经找到了参与社会的制度化实践之道。开展这项工作的稳定场所包括医院伦理委员会(HECs)(拥有超过400余张床位的医院已将医疗伦理咨询百分之百制度化)、伦理审查委员会(IRBs)(所有研究型大学均有)、医学院校、联邦和州生物伦理委员会、国家卫生研究院的生物伦理学部门,以及许多中心和研究所(主要在大学里)都定期把生物伦理学纳入课程体系。工作在这些场所的人即使不自我界定为(全职)生物伦理学家,他们也负责创建和塑造其中的道德话语(参见 Evans,2014)。[4]

第三,生物伦理学中反思性文献的存在,它批判性地评价其身份和功能,并提出最佳实践和影响的问题。我们注意到,与调查的其他文献相比,生物伦理学文献中的荟萃分析大约是其两倍之多。而且我们还认为生物伦理学在其他方面(会议、书籍和社会反思)也表现出突出自我反思意识而引人注目。总结这些成功标志的一种方法是宣称生物伦理学已经形成了自己的职业。这意味着生物伦理学家已经成为对公共领域中的特定问题有话语权威的成员。政策制定者倾听他们,对话的信息传递者(比如报纸编辑)给他们提供临时发言平台帮助形成社会舆论(参见 Evans,2014)。虽然还没有为生物伦理学设置专门的学位(如法学博士、医学博士),但有许多项目已开始提供生物伦理学学位。也有关于生物伦理学家职业道德的讨论(如 Baker,2007)。

我们认为生物伦理学取得较大社会成功有两个原因。第一,生物伦理学产生于多个学科——法学、医学、哲学、神学、社会科学等。诚然,这种情况有时会造成这些学科间争夺支配地位的恶性争斗。但是这些跨学科起源赋予该领域一个强大的工具和视阈集合,以此可以构建一个知识体系,使其主张合法化并具有权威性。生物伦理学围绕一些允许在多个领域边界共存的边界对象(boundary object)而形成,比如肾透析机。相比之下,环境伦理学和应用哲学则主要由单一学科推动(哲学),与其他领域几乎没有持续的、明确的交流学习(cross-pollination)。与之相反,哲学家在生物伦理学领域是少数派。

第二,回顾逃逸速度隐喻和应用哲学的失败以打破学科引力的束缚。生物伦理学的创始人起了很大的推动作用:社会的大部分人(如美国国会和医生)都在寻求帮助。他们有一些问题,比如他们把医疗资源短缺和虐待人体试验对象定性为是伦理问题。他们需要哲学家和其他人的帮助(参见 Callahan,1973)。换句话说,对于生物伦理学而言存在"需求侧"。相比之下，环境伦理学主要是"供给侧"：虽然环境问题确实具有伦理维度，但它往往不被认为具有伦理维度——或者这个伦理维度已经产生了一种毫无益处的"猫头鹰 VS 人类"张力。因此，环境伦理学家不得不把自己的观点引入常常由经济、科学、工程甚至人权主导的荒凉地带。下面是我们掌握的第一手信息，例如当我们公开谈论水力压裂法或酸性矿井排水系统时，遇到的第一个问题通常是："哲学和这个有什么关系？"对那些在本质上尚未被定义为哲学的问题提出一项要求并不是不可能的，但从业者必须随机应变——花很长时间融入环境，只在时机成熟时才站出来。比较而言，生物伦理学家则通常不需要掩饰。但是如果生物伦理学在更广泛的影响方面取得了显著成功，我们应该权衡这一成功与该领域存在的困境。该领域的文献渐渐发出了忧虑的声音（如 Eckenwiler and Cohn, 2007）。这种文献大量存在以至于对其进行综合性分析超出了我们的范围。但是，我们能确定三个相互重叠的关注点：善、方法和合法性。

我们所说的"善的危机"是由朱迪斯·安德烈（Judith Andre, 2002）提出的。安德烈认为生物伦理学是一种实践。就像象棋和足球，生物伦理学有一系列内在善，比如澄清围绕价值和评估的争论；但也有一些与生物伦理学掺杂在一起的外在善和工具性的善，尤其是金钱、权力和名声。这成为生物伦理学受到长期批评的原因："出卖"问题。这种出卖具有特殊的方式。约翰·埃文斯（John Evans, 2002）认为主流的生物伦理学通过用"形式理性"话语替代"实质理性"话语而获得影响。生物伦理学家抛弃了对美好生活进行实质性的争论，这使得他们能够与经典工具性知识的自由理念相适应，能够与技术科学市场的功利主义的基本目标相协调。这以一种无伤大雅的方式增加了他们的社会影响。正如莫雷诺（Moreno, 2005）所言，生物伦理学家达成了妥协。他们因为获得"道德专家"标签而拥有了社会力量，而且作为交换，他们丧失了对正在重塑人类状况的技术科学的任何深层次的质疑。生物伦理学家被资助，其交换条件是保证"科学的绿色信号灯伪装成闪烁的黄色信号灯"(Moreno,2005,p.14)。

埃文斯认为生物伦理学家被当成是中立的专家,实际上是以一种权变的(contingent)方式构建道德问题。他们限制对话,缩小可用选项,而不开放这些限制进行辩论。它对任何可能不符合话语中性模式的问题都有排斥作用。例如,我们是如何断言人类超越他们行为的适当范围而"扮演上帝",或者关于"生育 VS 制造"的更深层次的人类学和哲学意义?这些问题被排斥在讨论范围之外,因为生物伦理学家(充当道德专家)以保守的言辞预示了讨论。保守派的框架是寻求权利(自主性)、风险(行善)和收获(正义)的平衡。只要这些构成了唯一合法的价值观念,诸如对人类尊严的质疑都会被视为是业务爱好者的非理性冥思。这相当于缩小、弱化了道德话语,这符合金钱、科学和权力的利益(Briggle,2010)。

但这个问题并非仅仅只是"出卖"问题,也引发了修辞学问题。在"生物伦理学作为一种学科"中,丹尼尔·卡拉汉强调生物伦理学应该有助于人们去面对现实世界的问题:"生物伦理学学科应该如此设计,其实践者应该如此被训练,以使它能直接——不惜任何学科优雅的代价——服务于那些有权且需要做出实际决策的医生和生物学家。"[2007(1973),p.21]卡拉汉认为伦理学家在解决他们与科学家和医生沟通的困难时有两种选择。他们可以"坚守传统哲学理念的……严谨"并继续抱怨他们的非哲学同事的"密集(denseness)和浅薄",或者也可以采取一种学科之外的"严谨"定义:

> 并非是在草率的思考过程中的权宜之计或被动适应,而是……生物伦理学所要求的那种严谨可能是不同于传统哲学或科学学科所通常要求的那种严谨。[Callahan,2007(1973),p.19]

作为一种新的严谨的范例,卡拉汉认为一种好的生物伦理学方法能够使使用它的人快速且可行地解决道德难题。如果生物伦理学家在这些情况下都是有用的,那么哲学反思必须考虑及时性需求。他们必须准备好一种"规范伦理,它预先假定一些一般共享原则"[2007(1973),p.21]。否则,生物伦理学家仍将继续深陷于只与一群封闭的同事的基础性辩论之中,这很少会对实时的实际决策有所裨益。《贝尔蒙报告》中的保守派框架允许生物伦理学家提供实时的答案,这正是卡拉汉所说的这个领域成功的必要条件。然而提供答案往往是以预先界定和缩小调查范围为代价实现的。于是问题就变成了:面对话题的丰富性和各种不同的视角,你如何才能及时提出建议?

第二个关注点可以被粗略地描述为一种方法,但却真正提出了身份和目的这一核心问题。当然,每个专业都有自己的理论家争论他们工作具有何种原则或方法。在这方面,生物伦理学亦不例外。该领域长期存在着自上而下的原则主义与自下而上的决疑论之间的争论,以及来自实用主义、女性主义等更多的声音。所不同的是生物伦理学领域存在如此深刻而难解的争论,使得人们不禁会问:"生物伦理学存不存在?"(Turner,2009)。一个后现代古怪的理论家和一个浸信会的神学家能真正成为同一个领域的组成部分吗?也许决疑者、保守派、宗教伦理学家和女性主义者之间的分歧如此之大,以至于没有什么能真正把他们统合在一起,成为这个相同领域和专业的成员。当然,你可以让两个律师提供相互矛盾的意见(对律师行业这确实有必要),但他们的论证模式是相同的,他们借鉴共同的传统、共同的理论知识,以及非常标准化的教育背景和认证制度。女性主义者和保守派可能甚至不会有这样的共同点。他们所具有的只是处于思考之中的边界对象(如克隆或干细胞研究)。问题是,这是否足够强大到把该领域聚合起来,以使参与其中的人能被赋予相同的标识、拥有相同的社会角色。

第三个关注点,即合法性,是前两个关注点的结果。埃文斯(2014)认为,生物伦理学通过发展共同的道德观而从其"管辖权给予者"(jurisdiction-givers)(国会、医生、媒体、科学家、患者和医院)中获得了可信性,这种道德观使他们澄清价值观,而不是说明某人的价值观应该是什么。他指出生物伦理学家找到了一条成为他人价值观的中立仲裁者的途径。这在医院伦理和研究伦理领域确立了他们的管辖权,在此之中生物伦理学家仍然大体上被视为在澄清和捍卫共同的价值观。但是当生物伦理学试图将其管辖权扩展到更广泛的政策决定和文化争论领域,尤其是关于人类生命开始和结束的问题时,情况就变得不稳定了。在这里很难确定共同之处。诸如堕胎之类的问题就存在保守派和自由派之间的巨大分歧。在超人类主义、双倍(或更多)延长人的寿命,以及增强人体或增强认知的建议中的争论也是如此。这在赞成科学变革力量的行动在先者,及其预防在先的怀疑论者之间造成了越来越大的冲突(如 Fuller 2011)。在这里生物伦理学专业也无法统一发声,这损害了它的话语权威性。这使得埃德蒙·佩莱格里诺(Edmund Pellegrino)注意到,多个意见使"生物伦理学共同体"在"公众寻求帮助"方面"信心衰减"(2006,p. 576)。这初看起来像保守派和自由派生物伦理学家谁能为我们提供关于任何先前政治立场的一种伦理辩护。如果这样的话,那么生物伦理学家与国家生命权利委员会(National Right to Life Committee)、计划生育协会(Planned Parenthood)的代言人之间的区别是什么呢?

这种政治化自然会侵蚀合法性的主张,合法性以提供一种不可还原为特殊利益政治的知识为基础。因此,在埃文斯看来,生物伦理学的真正敌人是社会运动激进主义(social-movement activism)。只为某些特定人群说话的群体将拓展生物伦理学已经试图以一些共同伦理框架的名义提出的领域。丹尼尔·卡拉汉总结道:"公众、医疗和卫生政策界将发现很容易抛弃生物伦理学,因为它受披着羊皮的左翼或右翼的意识形态所驱使。如果我们相互诽谤足够长时间,公众会很快认定我们都是骗子"(2005,p. 431)。这里有一个"第 22 条军规"(catch-22)问题,因为有人可能会争论生物伦理学的真正危机不是它不能代表共同价值,而是首先这种东西不存在的事实(这是恩格尔哈特 1996 年以来一直主张的观点)。也许埃文斯误解了生物伦理学作为价值观中立仲裁者的角色。至少在更广泛的政策辩论中，它们的作用可能是为边缘化和明显弱势的情况提供最强有力的可能案例。然后，他们将通过培育多样的思想生态系统来服务于共同的利益。埃文斯似乎没有不赞同这一点。但他的观点是，生物伦理学家只有在他们能够利用自身的机构特权位置时才能使这些论点生效。这些位置的合法性，来自一种一般意义，即作为一个生物伦理学家不同于只是作为其他普通的维权人士或特殊利益集团代表。也许生物伦理学家能以特定人群的名义或就特定的价值观具有发言权威，但他们必须以一种看似不是特殊利益政治的自利性需求的方式进行。

任何与社会相关的哲学可能都必须保持这种平衡。倾斜到这边，你就会被当成激进分子而遭到排斥；倾斜到那边，你就会因对共同价值的抽象理论追求而被忽视。你需要在活动家的夸夸其谈与专家的花拳绣腿之间寻找到那种正确的严谨。这要求要对哲学分析的修辞维度给予更多的重视。

结　　论

第二部分（第三、四和五章）调查了对哲学的非相关性的一般问题的三种回答。我们认为，由于植根于学科性的制度强制力，应用伦理学和环境伦理学并没有恰当地解决这个问题。我们认为生物伦理学代表一种不同的情形，因为它无论无意还是有意，都更加意识到且因此能逃离学科的俘虏。

100年来哲学家们所兜售的哲学其实只是哲学的一种类型。这也不仅仅是在哲学中才存在的问题：学科模式通常在隐藏自己的偶然性上做得很好，并把它作为组织知识的唯一方法。在建立内部监管标准时它拒斥其他所有的方法，不把其他组织模式视为备选模式，而是视为受政治污染的或纯粹的业余主义。一旦接受了学科标准，那么根据定义没有什么能算作是严谨的、经过严格审查的知识——不论是在哲学领域还是其他任何领域。

学科模式的自我隐藏性说明了它为何如此容易被应用哲学家和环境伦理学家所接受。他们想针砭时弊,但他们却看不到认识论的基础和学科性的隐性政治——这种媒介比它所承载的任何信息都重要。诚然,偶尔有人冲破了藩篱在更广阔的世界里获得了动力,但他们仍是一次性的,是在一个无意识的教条主义的轨道上发生的意外。学科之外(extra-disciplinary)的成功的性质和路径从未被制度化或带入自我意识。

生物伦理学至少在三种方式上是不同的。第一,它具有跨学科和交叉学科的起源。从来没有一个模式作为预设的思维矩阵。生物伦理学家必须弄清楚如何与不同的利益相关者交流。这被理解为是一场持续的努力:对生物伦理学的实践本质存在很多自我批判和焦虑,但普遍认为在实践中学习要比从旁观者中获得秘方更好。生物伦理学的第二个突出方式是从需求侧拉动社会。政策制定者、医生、媒体等寻求帮助的问题在他们看来在本质上部分地具有伦理属性。这促成了第三点:生物伦理学并不是只被悬置于一个学科中,在学院内部和外部都变得制度化了。许多各种不同的边界组织——大学里的伦理审查委员会(IRBs)、医院伦理委员会(HECs),以及诸如黑斯廷斯中心这样的智库,还有宅在高校的教授们——都保持着研究流动与响应的标准。

在第三部分,我们从生物伦理学的这些方面得到启示并介绍田野哲学——我们自己对学科模式的替代。田野哲学并不止步于来自生物伦理学的主题(比如克隆),而是能漫步于任何被讨论的重要问题。它是哲学家们对现实世界产生更直接、更多重影响的方式——这引发了许多关于哲学的影响和影响的哲学的问题。

注 释

1. 这部分出自亚当·布瑞格尔(2010):《丰富多彩的生物伦理学》(*A Rich Bioethics*),圣母大学出版社。

2. 美国生物伦理学与人文学科学会(ASBH)通过合并现有的三个学会而于 1998 年成立。它拥有超过 1800 人的会员,是最大的生物伦理学组织之一。

3. 在谷歌搜索"生物伦理社会学"(sociology of bioethics)有 24700 条结果,但同样搜索"环境哲学社会学"(sociology of environmental philosophy)只有一条结果,搜索"应用哲学社会学"(sociology of applied philosophy)则没有任何结果。

4. 值得注意的是,国会通过《美国 2007/2015 竞争法案》(America Competes Act of 2007/2015)委托每个接受公共资助的机构都开展道德观和价值观的研究生教学。

间奏曲 2　哲学的空间

我们(在第一部分)指出,哲学已被困于现代研究型大学的学科结构之中。由于哲学渗透到我们生活的方方面面,我们需要哲学机构走出去进入社会。当然,哲学是属于大学的,但它不应该仅仅只(甚至主要)作为一种学科而发挥作用:它比这更具有基础性和间隙性。哲学家们应该在学科间流动,借调到其他系所,在一段时间内负责一个项目,然后回到他们的学科之家充电。他们应该走向世界,在其他公共和私人部门的组织机构中生活一段时间,也许永久地生活于其中。至少这个领域需要更加注意哲学的学科性成本,而且应该采取措施去降低这些成本。

在第二部分,我们通过检查应用哲学的三个领域研究了试图解决哲学的社会非相关性问题的方法。我们认为这些学科尽管取得了许多成功——最显著,但肯定不是唯一地,在生物伦理学领域——但同样成为学科的俘虏。我们进一步指出生物伦理学领域的大部分成果都取决于哲学"需求侧"的存在。现在,在第三部分(第六章和第七章),我们为影响的问题提供了我们自己的前进道路——一种我们称之为田野哲学的模式。然后我们勾勒出了该模式暗含的未来研究计划的一个要素:影响的哲学的发展。

假设你是某哲学系的哲学家,没有人因为需要你去对他们的问题进行哲学讨论而去敲响你的门。然而你却想要发挥更大的作用,想拥有影响力。你将怎么做？一种选择是依赖于影响的学科模式，即每个人所认为的被动扩散、渗透模式。效果可能非常的间接，且长期才能显现，但你肯定会拥有一种依靠标准的文献计量学（比如被引频次）来衡量工作的安全感。你只要在同行评议期刊上发表文章，且希望其中的一篇能引起轰动。或者，你可以将问题以手稿方式寄送给公共部门或私人部门来处理，从而来拓展处理模式。你也可以更进一步，安排一次与他们的会面，以促使你的观点在他们的圈子里受到关注。现在你要开始去做一些非常规的事情。所以你需要衡量你工作影响力的其他不同方式。和你交谈的人们可能永远不会在学术期刊上引用你的观点，但他们可能通过其他方式传播你的观点。他们甚至可能通过实施它们而对其进行检验。

不过，你根本无须从学科模式开始。你可以和市议会成员举行一次会议，以了解他们所要致力解决的问题。也许有一些哲学问题隐藏于其中而未被确认，根据我们的经验，这样的问题总是存在。要讨论的问题和要进行的决策有多少，可着手之处就有多少。最初，你只需倾听且试图找到是否存在一个落入维恩图甜点区的项目，在这样的项目中你的技能和激情与社会需求相重叠。只要有稍许的创造力，你就有可能找到一个能发挥作用的空间。我们听到抱怨说这种方法牺牲了个体的自主性。但是坚持从你自己的关注点开始，这不是自主性，而是学术自恋。

对我们而言，这些就是我们所说的哲学的田野模式的起始。它可以采取万千种形式，但核心在于受众（处于学科之外的利益相关者）和出发点——不是在寂静的办公室而是在喧闹的人群之中。它是一种倾听的方式，继而是一种探寻的方式——探寻那些你可以做出一些巧妙贡献的时机，比如去帮助澄清概念上的混乱（看似清晰的混乱），挖掘和评估隐性假设，阐明和批判论证，培养一种更文明和更知情的对话，为考虑周全而提出一些相反的观点，或者其他任何哲学家们习惯于做的事情。它也将几乎总要求你去学习与你专业相去甚远的新事物，并与持有不同观点和背景的人一起工作。(对我们来说,这正是乐趣的一部分。)如果你成为一个田野哲学家,你的努力可能根本不会被广泛地理解为是一个"哲学项目",尘埃落定之后你可能只能发表一篇同行评议的论文。但是没有关系,因为这不是你工作的唯一甚至最重要的衡量标准。你将会在学术界和非正式的文人共和国之间的区域产生影响,而在这个空间,哲学正在实时地进行。

田野哲学是什么样子呢?我们在第四章末尾提供了一个关于市政层面能源政策提案的例子。另一个例子始于2001年,我们中的一员(弗洛德曼)担任美国国家科学基金会(NSF)的评审人员。用哲学之耳倾听,揭示出概念上的混乱。评审人员的任务是根据两条标准来评估研究提案:学术价值和更广泛的影响。来自不同学科的研究人员是否都适用于"更广泛的影响"?它与学术价值有何关系?

这一经历促使我们将自己的研究计划整合在一起,我们称之为"同行评议比较评估"(CAPR,Comparative Assessment of Peer Review)。这一为期四年(2008—2012)的项目受到国家科学基金会 SciSIP 项目的资助,研究了世界各地 6 个科学机构的同行评议程序。我们试图建立一种分类法去解释不同机构如何对更广泛的社会影响进行概念化这一问题,并将之整合到拨款提案的前期审查之中。CAPR 的成果包括 10 项通过同行评议的出版物,研究了世界各地联邦机构同行评议的发展情况。我们还与美国和欧洲的用户群举办了一系列的研讨会,宣传和实地测试我们的成果。我们对利益相关者进行了调查,研究了科学、社会和同行评议的角色之间的关系。关于这一工作我们联系了美国国家科学基金和美国国会。图 5.1 试图更好地理解我们的影响。

当然,这些箭头也隐藏了一些信息,与它们所揭示的几乎一样多。例如,我们跟 NSF 代表和政策制定者的会议并非简单地由我们的出版物而推出。那需要额外的努力——而在我们研究楠塔基特湾风力发电场问题时我们没有做这些。这意味着我们要通过电话和电子邮件与想要去影响的受众联系,劝导他们参会等。我们承认后此谬误(*post hoc*

间奏曲 2　哲学的空间

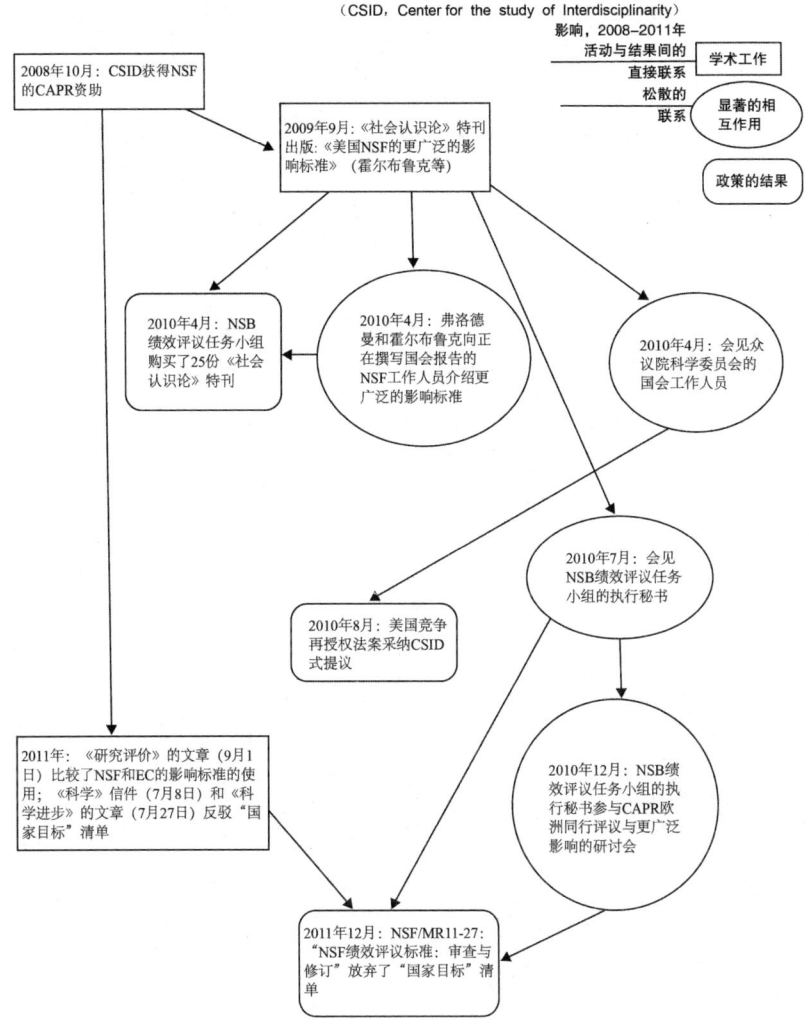

图 5.1 "影响"概略图——来自我们的研究项目
"同行评议比较评估"（CAPR）

ergo propter hoc）问题：只因某事发生在我们的工作之后，并不意味着此事因我们的工作而产生。事件的产生因素是多元的：如果我们产生了影响，我们的工作不太可能是唯一的因素。最后，我们注意到可以被称为"弗洛伊德式"的影响：当人们受到了影响时他们并不总是知道这种影响；当被问及时，他们很可能会因为种种原因而否定这种影响。

简言之,虽然知道这个图有不足之处,但我们视其为图示(和思考)影响的一个开端。这是一种我们希冀在文献中找到的元哲学或影响的哲学的一个例子。在我们的工作中,理解田野哲学的影响的尝试(第六章的焦点)促使我们围绕影响的哲学(第七章的焦点)提出诸多问题。

第三篇

达到逃逸速度

第六章　田野哲学

一个颠倒的世界

这本书的写作有多个机缘。其中之一可以追溯到1985年,当时我们中的一员(弗洛德曼)第一次参加哲学会议。那次会议的规则令人吃惊。发言人站在讲台上,埋头朗读论文三四十分钟。期间没有中断,最后是提问或评论。那些论文都很复杂,是供阅读而写的,听起来则较难懂。如果暂停下来去思考某个点,你就会错过一个段落。再多思考几次,你就彻底跟不上了。

哲学是有关存在的、危险的、充满欲望的。但那些发言却充满了学究气息,抽象、空洞且毫无激情。笑声和乐趣去哪儿了?那些关于日常生活传统的伟大思想的故事去哪儿了?会场地点也是有问题的。那是一个感官剥夺室:在一间不起眼的酒店中的丑陋房间里,既没有阳光也没有灯光,既没有色彩也没有窗户,没有任何生机,没有丝毫迹象表明哲学是令人兴奋的、当下存在的或多姿多彩的。

会议当晚的情形有所不同。与会者穿得不再像是IBM的销售员。喝酒间乐趣复又存在。桌子移来移去,椅子拖来拖去。兴奋度上升。大家笑着、争论着、开着玩笑。注意到了话题、交流和兴奋度的差异后,我就问大家:为什么我们不能把晚上的这种方式(没有饮料,也许)带入到白天的会场中呢?为什么不是十分钟的演讲、研习会或专家谈论会呢？抑或我们能否只是讨论？这些问题引起了笑声。我继续问道：我们讨论的场所和形式难道不也是哲学思考的主题吗？大家没有回应。

在接下来的几年里，我努力遵从我的想法。然后是迷茫、创新。我在论文中加进了个人或文学元素。人们对此茫然不知所措。一位同事宣布，他再也不跟我在一组讨论问题了。

偶然间发生了件不同的事情。1998年，环境哲学会议在丹佛（Denver）举行，阿方索·林吉斯（Alphonso Lingis）是全体大会的发言人。他要求主持人在他进入房间前把灯关掉。然后他脖子上挂着一个手电筒进入漆黑的会场，手电筒在他脸上闪烁着奇怪的影子。他用金色的光遮住了自己的脸，在讲台后方放了一个手提音响。他播放了一盘录着蟋蟀、动物的叫声和天气的声音的磁带。然后他读了他的论文。

会后在酒吧，我问了参会者对那场演讲的看法。大家褒贬不一，赞成和否定之声各占一半。赞成者认为演讲中的场面调度精彩、有意思，否定者认为它太丢人了。但没有人认为那场表演具有哲学意蕴——灯、闪光和丛林之声意在唤起自然环境中的篝火，或许就是我们物种最初的进化环境，作为我们在世界上地位的叙事的评论和对应物。那场演讲仅仅被认为是壮观的。

我在林吉斯的指导下完成了博士论文。他在丹佛的演讲与他对哲学的整体思路密切相关。林吉斯的学术安排包括6个月在宾州州立大学上课，6个月在国外。20世纪80年代，在6个月的短途旅行开始时，我偶尔会送他去机场。在那个还没有笔记本电脑的年代，他带着便携式打字机和两大箱书前往马那瓜、莫尔斯比港或曼谷。他在国外的时间分成两部分：一部分时间用来阅读迈蒙尼德、康德、亚里士多德或萨德侯爵，一部分时间用来闲逛——参观寺庙、脱衣舞俱乐部和镇上最贫穷的地方。如此写成的文字往往是不和谐的。在诸如《过度》（*Excesses*）等作品中，他记录了精神世界面对实践上处于紧急状态的世界的生活。他的思想受到了考验，有时还有个人风险。结果交替着震惊与温柔。正是哲学使它在世界上的地位受到重视。

哲学的物质文化

不仅仅是学科理论假设使阿方索·林吉斯等人的实验边缘化,这也是大学的社会和物质文化的结果。哲学家们栖居于各自的办公室里——或者,现今更常见的是在家里工作。你可能会问"还有别的地方吗?"我们当然想要捍卫对沉思场所的需求。但是哲学家们需要去改变他们的物质文化。

改变可以从学院开始。哲学家们需要共同空间——不仅仅只是一个休息室,而是一个可以共同探讨观点、合作项目的实验室空间。"但是,并没有共同的项目。"是的,的确如此。创建这样的空间将会影响哲学的工作——写什么和如何写。"但是,这样的空间将会被闲置:哲学家们不会停止他们常做的事情,比如撰写独自署名的论文。"确实如此,在我们改变哲学文化的动机——并且吸引更多的人进入这个行业之前。

独立署名的出版物符合哲学的黄金标准,而联合署名则是不被赞成的——用我们一个教师的评论就是,合著"表明缺乏研究的创造力"。当哲学家们从组织结构、实践和思维习惯等这些在本质上完全自由的事物中产生出社群主义的(communitarian)论著时,其结果往往特别引人注目。这种态度是根深蒂固的:正如我们一位同事所言,"我们不是一个真正的学院,而是一群偶尔一起来参加学院活动的个体"。但是事情可以从其他方向推进:改变雇佣、薪酬、任期和晋升的激励机制,支持合作和共同出版物,寻找需要哲学技能的外部群体的项目。

当然,有人会忽视这种新的机遇。那好,我们不想要单一文化。但其他人会因为理想主义的原因、课程的原因或增加收入的原因而去适应新情况。对这些人来说,共同的工作空间将会促进对话的发生,从而可以提供建议和探索联系。让几个哲学家转入到化学或经济学院,用物质来激励他们，使他们愿意每周在别人的实验室里待上几个小时。对话可以就此展开。这样的讨论可能会促使你对自己的研究产生新见解——也或许促使化学家对其研究产生新观点。逐渐地，一种对哲学含义的新认识就会慢慢发展起来。

我们今天的体制生活中相互关联的元素创建了一个支持独居习惯的网络。大学校园是一块它所在社区的飞地，正如在大学校园里哲学家们被我们其他学科的同事所隔离一样。相反，在购物中心开一家可以让哲学家们对公开放的店面。让哲学家们每周在店里待上几个小时，而且改变终身教职标准，这样他们仍然可以在当地报纸上写作关于这些经历的文章而获得奖励。让研究生在美国环境保护署（EPA）或州首府实习，确保他们不只是躲在办公室里，而是参与到真正的事务处理之中去。让他们给自己的新同事写一篇 800—1500 字的关于他们所做的事情与他们所处的环境相关性的文章。久而久之，他们对哲学自身认识就会发生变化。

今天，比起与校园里学科之外的同事，哲学家们与世界各地的学科同事有着更密切的联系和更深层次的承诺。过去由于需要访问图书馆他们才来校园。现在他们每周只来校园两次，因为上课、办公或偶尔开个会。他们努力工作，但是在独自奋战。互联网使得在哥本哈根访问校园图书馆资料变得可能：现在你可以在任何地方工作，通过笔记本电脑和无线网络进行研究，可以从世界的任何角落向国内的教室进行视频讲座。利用这个优势还可以做到：与其他大学建立合作关系，参观与讲课资料相关的场所，并从田野发送报告进行远程教学。

哲学的田野实践可以采取尽可能多的形式，就像有尽可能多的思考场所一样。例如，哲学家们可以从赠地大学的历史中吸取经验。从 1862 年的《莫里尔法案》(*Morrill Act*) 开始，赠地大学在每个州和县都创设了农业推广站。作为这个系统的一部分，农业和家政学的研究者们都到社区去观察农民和牧场主们面临的挑战。今天有许多各种不同的问题（农药使用、转基因生物、社会正义问题）都与农业有关。为什么没有哲学家的推广代表呢?[1]

我们在上一章提到过,哲学家通常总是心照不宣地想象他们的工作是有效的,至少从长期来看是这样的。他们默默地接受被动扩散模式,在极少数情况下也明确地接受。在这种模式下他们的观点慢慢进入更大的世界。田野哲学和其他模式2的实践以一种参与的路径对扩散模式予以补充,这种路径以一种直接且正在进行的方式参与到受众之中。

当然也有例外,世界没有意识到需要甚至不欢迎哲学家的帮助。他们认为我们是在扰乱他们的工作。这对我们的部分挑战是,我们需要想办法增强博德曼(Boardman)(2014)所说的个人和组织对哲学视角的"吸收能力"。这意味着学习不同领域的意愿,对修辞问题给予更大注意的需求,在学科哲学和社会之间创建哲学边界组织的能力。

我们也不应该只专注于研究。以教学为例。如果我们不按照逻辑学、认识论、形而上学、伦理学和美学的课程类别讲课,而是讲授每学期换一次名称的课程会怎么样呢?我们讲关于推特(Twitter)、寨卡病毒(Zika virus)、厄尔尼诺现象和下届选举等,教学生如何运用哲学观点去审视这些不同的事件,会怎么样呢?这不意味着放弃,比如,形而上学;这意味着改变角度去审视这些传统问题。帕菲特(Parfit)对个人同一性的讨论仍然有意义,但现在是以老年痴呆症或第二次生命的形式来讨论的。学生们因而学习如何在当代生活事件中领会哲学的永恒问题。并且他们会感觉到哲学是如何以不同的形式出现的——像气候变化这样的问题引发了各种伦理、认识论和美学等问题。

教授们的口碑不是很好:他们基本上是努力工作的。但是不论他们的个人政治是什么,他们都是自由主义者,自认为他们应该能够随心所欲地做他们想做的事情。这也延伸至他们的研究选择:有同事对应该寻找一个让外部群体感兴趣的研究主题的观点感到惊骇。从外部动机开始?那会侵犯他们的自主性!但自主性可表现为遗忘或者自恋,因为终身教授们忽视了大学正在发生的巨大变化:资金枯竭,学术自由受到破坏,由于大学逐渐依靠临时劳动力去教育"消费者"而导致等级制扎下了根。难道我们还没足够聪明到能在几乎任何社会问题中都找到感兴趣的东西?

解决办法不是废除终身教职——唉,这已经在下坡路上走了40年。社会需要一批有时间、安全感——对,还有空闲的人去思考新的、批判性的和非常规的想法。但我们的习惯和动机需要改变。当好奇心驱动的研究值得资助,但它成为一种放纵的借口或只是学科同行的小圈子感兴趣的问题时,不应该被资助。这是一个多元主义的观点:不是要消除现状,而是要补充现状,从本质上把哲学同时视为学科、跨学科和交叉学科的。在院系内部为所有这些类型创建空间,并将这些模式视为互补性的。鼓励哲学家们在这三个角色间流动,在田野待了一段时间后给他们时间去充电。

学科化大学和文人共和国

哲学与社会的脱节是哲学共同体选择哪种科学作为范例的部分结果。19世纪地质学在文化想象中占据中心地位。但在20世纪,因为科学哲学变得"足够哲学"(奎因),哲学家们视理论物理学和实验室科学为科学的代表。几年前,我们发现科学家和哲学家都把诸如地质学等田野科学视为是实验室科学的糟糕之近似[(Frodeman,1995),这一关于田野科学的早期成果是田野哲学的来源之一]。事情的真相与此相反:实验室科学创造了一个人工净化的"事实"世界,一旦进入日常生活的混乱状态,它们就值得怀疑。就像学科本身,其"内"与"外"之间的严格边界表明实验室已经落伍于原子时代,以及由比特和跨国公司主导的民族国家时代。

实验室科学的地位是现代研究型大学的标志性特征。它为大学的学科结构提供了理论依据,体现了建立一种独立于政治并支配政治的特定知识的现代主义梦想。现代大学——无论我们认为它是随着

1810年柏林大学的创建而诞生,还是1876年约翰霍普金斯大学的创建而诞生——它本身就是对不断变化的文化环境的认知和政治反应。中世纪大学始于作为教师及其学生的私人企业,作为一个整体(*universitas*)结合在一起。在那个书籍稀缺的年代,教授演讲(lectured,源自拉丁语 *legere* "to read")是必需的。三艺(trivium)和四术(quadrivium)[2]的研究使得学生掌握西方文化中沉淀的知识。创新(亦即研究)并没有成为学者们的主要职责,因为它们很可能会引起异端邪说的怀疑。

威尔莫(Wellmon,2013)认为,现代大学如今感受到的压力是有先例的,18世纪末的中世纪大学也面对过这样的危机。16世纪的欧洲见证了一个与大学平行的知识组织的兴起——文人共和国(Republic of Letters)。这种知识分子活动的非正式网络汇集了一个富有创造力的学术和文化共同体,日益成了知识分子生活的中心。这是一条书信的河流,先是用拉丁语,继而是法语和其他地方的语言,在人与人之间——有些人没有组织,有些供职于法院,有些在大学——流淌,也在诸如在英国的皇家学会和在法国和美国的沙龙之间流淌(Grafton 2009)。

文人共和国的存在对大学学者的地位提出了挑战,他们越来越被认为是无用的书呆子,不知道用自己的学识去干什么。此外,这种替代结构随着印刷技术的稳步改进和资产阶级阅读公众的增长而不断发展。到1800年,欧洲被"书籍之灾"(plague of books)淹没,这是中世纪大学削弱的重要原因(Wellmon,2013,p. 4)。社会受到了信息超载的折磨——按照那个时代的标准——同时大学也日益被视为是博学无用、学生酗酒斗殴之所。个人和组织如何应对如此丰富的知识,并辨别何者是可信的或是权威的?

60年后美国高等教育界也上演了类似的故事。美国传统大学到南北战争结束时已经过时,其保存知识的角色受到了由印刷品而增加的知识可用性的挑战,教育不仅仅是绅士的需要,也成了具有高水平技能的人日益增长的需要。新式大学——约翰霍普金斯大学、康奈尔大学、密歇根大学和重构的哈佛大学——用新的角色回应这些需要：它们变成了既生产知识又验证知识的机构。它们通过知识管理上的创新来实现这一目标：学科的发展。

学科大学把知识切割成离散的数据包。这是形成权威性知识的必要条件。权威性知识的概念，即专门知识，其本身就依赖于一种本体论的假设：把知识划分成原则上相互独立的单元（学科）是可能的。这构成了一种外部关系的本体论，在这种关系中，个体事物在与其他事物发生联系之前就被理解了。这与内部关系的本体论相反，在这种关系中，个体事物是由它与其他事物的联系构成的。在后一种关系中世界被视为是紧密联系在一起的：用约翰·缪尔（John Muir）的话，即"当我们试图单独挑出任何东西时，我们发现它与宇宙中的其他事物是相关联的"。

也需要注意学科性的政治功能。通过把知识生产置于一个理想的空间，知识的确定性可以更高。只有当外部力量不再发挥作用且所有剩余变量都能被控制时，确定性才是可能的。在相同条件下重复实验得出完全相同的结果。然后，由此产生的某些知识就可以作为一套社会必须默许的不可避免的事实交付给社会了。但这些创新的使用受到政治的影响，尽管它们的起源是纯粹的，没有受到价值观或偏见的污染。政治——被理解为仅仅是主观偏好的冲突——因此受到某些公认真理的约束。然而，这是一种缺乏哲学的政治，是一种主观偏好的政治。

虽然额外知识的数量在难以想象的速度增加，但我们今天面临的情况与19世纪初很相似：知识文化面临着巨大的压力。实验室科学的局限性，现代研究型大学的危机，以及哲学面临的挑战，所有这些都凸显出我们越来越依赖非学科的方式来管理知识。实验室的确定性，或最近计算机模型的虚拟"实验室"正在让位于一个时代，在这个时代，我们的问题本质上是跨学科的。大学长期作为那种知识生产的现代性机构已经走到尽头,它们提供着特权性的、无政治意义的和非哲学的(a-philosophical)知识。拉图尔当然是正确的,他说我们从来没有真正现代过,知识在学科上的分离是绝无可能的。但这一尝试似乎很有道理,足以带着我们前行相当长的一段时间。这种可能性已经消失了:我们正进入一个不能简单地诉诸"事实"的时代。除非我们愿意屈服于完全的主观主义(唉,日渐增多的政治讨论,即政治是一种无事实区域),我们将被驱使着做哲学。

这一认知上和政治上的任性催生了一批新的知识的机构[其标志之一:全球排名前10的公司,从大众到默克,2013年花在研究上的经费超过1000亿美元(Casey and Hackett 2014)]。一个新的文人共和国已经形成——知识生产的校外场所,其边界是可渗透的和不断变化的。萨叶娜·萨雪(Sanjena Sathian)2016年发表在 OZY 的文章"21世纪的哲学家"阐明了这种变化。她认为,如今硅谷和其他创新中心的企业家和技术专家事实上发挥着哲学家的作用。有时候他们在学院的边缘单位比如牛津大学未来人类学院(Oxford's Future of Humanity Institute)工作,但更多时候他们在非学术场所,如应用理性中心(Center for Applied Rationality)、谷歌、突破研究所(Breakthrough Institute)——或者在杂志[如《连线》(Wired)]、大小博客、YouTube 频道和其他社会媒体。这些都是今天的沙龙——虽然它们构成了一道明显不均匀的景观,但在大量资本支持的特定情况下,能够将想法转化为现实,随之而来的是所有的利润和问题。

这些在当代文人共和国工作的事实上的哲学家与他们的学术同胞之间有着显著的差异。第一,有些人在写畅销书[如尼克·博斯特罗姆(Nick Bostrom)的《超级智能》(Super-Intelligence)]。第二,他们积极参与建设我们的未来:如伊隆·马斯克(Elon Musk)和彼得·泰尔(Peter Thiel)等企业家"特意解决关于意识的本质和什么构成美好生活的基本问题,这些问题曾主要存在于哲学系"(Sathian, 2016)。不论有没有(学术)哲学家的参与,哲学都在继续前进。那么学者们应该怎么做呢？跨越这道鸿沟：一只脚深踩在大学这块稳定的土地上，在这里，自由言论和缓慢思考这种奢侈品依然大量存在；另一只脚站在现代文人共和国更为多变的网络中，在这里，观点正在接受现实的检测。因为哲学家不仅要成为密涅瓦的猫头鹰，对已经做了的事情发声，哲学家也可以是在黎明曙光中工作的知更鸟。

田野哲学概述

> 块茎无始亦无终，总居事物中，相生亦相在，承前亦启后。
> ——德勒兹和加塔利《千高原》
> (Deleuze and Guattari, *A Thousand Plateaus*)

社会日益由间隙性、暂时性和隐蔽性连接在一起的网络和缝隙构成。[3]交流已经变得具有块茎性(rhizomatic)：连接全方位，激起未曾预料到的交流、冲突和协同。在网络上发生的思想与长久以来被哲学家视为"严谨"论证的线性理想形成了鲜明的对比。在这里一直有一种可笑的元素：弗吉尼亚·伍尔夫(Virginia Woolf)在《到灯塔去》(*To the Lighthouse*)中嘲笑拉姆齐先生，一个认真的20世纪的哲学家，挣扎着从L到M然后再到N，然后可能——某一天——一直到R。信息时代使伍尔夫认为已经过时的东西变得荒谬可笑：学科性，亦即在允许范围内思考。

当德勒兹和加塔利在谈及块茎政治(rhizomatic politics)时他们强调一种处理问题的隐蔽性方法。哲学一直有着它自己的隐蔽性特性。对现状的直接挑战引发反应；通常最好是让见解暗示它们自己。田野哲学家与其他学科、整个社会的许多互动——揭示隐藏的前提、找出隐含的矛盾、连接不同的见解的工作——在本质上保持着半隐蔽性和间隙性。田野哲学强调哲学工作的杂乱性和开放性，在那里思维常常在黑暗中摸索，而且当遇到意外的障碍和机会时我们已准备好随时改变。

正如我们的书名《苏格拉底的终身教职——21世纪哲学的建制》所表明的,我们认为,田野哲学家们被安置在大学里(从而获得了对终身教职的自由言论保护),但却把大部分时间用于和外面那些正在努力界定和解决问题的人们一起进行思考(像苏格拉底)。这使得田野哲学家既与学科哲学家相区别,又与我们所谓的哲学家官僚相区别。学科哲学家只与学界同行交流,通常是哲学家同行。哲学家官僚虽然受过哲学教育,但却离开了学院,永久地工作在公共部门或私营部门。

表6.1是我们所理解的21世纪哲学生态系统的简单示意图。它是一个由三种不同类型的哲学家组成的生态系统,使其比当前学科哲学近乎排他性的单一文化更加健全和富有弹性。

表 6.1

	学科哲学家	田野哲学家	哲学家官僚
主要活动场所	哲学院系	哲学院系和大学其他院系	公共和私人部门
主要受众	学者,尤其是哲学家	学术和非学术的受众	主要是非学者

记住这一更广泛的背景,我们提供以下六个特征来界定田野哲学:

·目标:从哲学维度帮助挖掘、阐明、讨论和评估现实世界的政策问题。

·路径:在中观层面(meso-level)进行个案研究,从涉及利益相关者界定和争论的问题开始。

·受众:主要受众是面对现实生活问题的非学科利益相关者。知识在使用的语境中产生。

·方法:我们说的是经验法则,而不是一种方法,它是一种多元的、语境敏感的自下而上的路径。

·评价:"严谨"的语境敏感性标准,以及首先由受众定义的评价成功的非学科指标。

・**制度安排**：田野哲学驻留在现有机构的边缘，穿梭于学院和更广阔的世界之间；但也在学术界和不同的实践社区寻求自身的制度化。

总之，田野哲学是从现实生活环境中非哲学行动者定义的问题开始，并试图作出根据多学科（more-than-disciplinary）标准认为是成功的贡献。

目标：田野哲学尽可能保持开放以从多重视角和不同深度观察"问题"。不预先决定问题的定义或哲学分析的正确框架；只有一种假设，即哲学观点潜伏在此处或彼处。究竟是什么构成了"要做的正确事情"，这不太可能一开始就很明显，也不需要通过理论框架或方法论的应用预先确定。田野工作是对每个案例中的目标的长期的和集体的质问。

田野哲学家对问题的所有方面给予平等的考虑，试图成为诚实的调解人。但这并不意味着他们必须把自己限定为中立观察员、评论员或对话的促进者等角色。田野哲学家也可以倡导他或她所相信的保证获得共同利益最佳途径的政策。这需要判断，如果情况发生变化，需要改变方向并必须继续进行。在支持某一特定政策时，田野哲学家也许要与包括活动家在内的利益相关者密切合作。在此过程中，形成的信任和义务的纽带是重要的，但它们不能妨碍正在进行的批判性思维，或妨碍为共同利益服务的最终目标。

路径：最初，哲学家在特定情况下发挥着边际作用。非哲学家先界定问题和可接受的解决方案的范围。问题的哲学维度将大量地掺杂着法律、历史、政治、科学、技术、文化、经济和其他维度。学习曲线可能是陡峭的，需要在不熟悉的领域进行研究，并与利益相关者进行持续的互动。倾听和积极参与是赢得目标受众可信度的关键。通常田野哲学家们没有现成的获取受众的平台，因此他们需要去博取其街头信誉。

所谓"中观"，我们的意思是，田野哲学家是在组织层面上运作，在这个层面，一般观点或政策问题危在旦夕。这与哲学王的古老观点不同，哲学王是要去影响政治家或者统治者。但这与专注于生活微观政治的教师或顾问不同,还与假设观点以某种方式传播的学科哲学家不同。中观层面的工作在项目层次上运作,会持续数月或数年,而且常常需要嵌入官僚文化一段时间(Frodeman 2007)。举几个中观层面的田野工作的例子,我们曾与美国地质调查局(US Geological Survey)合作过,参与过有关水力压裂监管的市级政策,帮助过科罗拉多西南部的利益相关群体处理酸性矿水排水,询问过联邦研究资助机构的同行评议的做法。

受众:田野哲学工作的主要受众由各种非哲学家群体构成。田野哲学拒斥学科知识生产的线性模式,根据这种模式,知识的产生与其使用语境相分离,然后搁置于同行评议出版物库中以供潜在用户引用(Pielke and Byerly 1998)。然而,田野哲学家与非哲学家们共同合作生产知识,由使用的语境界定要完成的工作(Gibbons et al.,2004)。尽管学科同行在田野哲学中居于重要地位,但田野哲学家认识到,他们对他或她的非学科同行及他们面对的问题具有更大的责任。田野哲学家将成果传播给他们的学科同行是其影响范围的一部分,尤其是作为一种促进实践的方式;但是这不足以证明严谨或成功。

方法:田野哲学只在广义上构成一种方法:它应用任何必要手段去完成个案研究中提出的任务。我们发现我们自己要进行调查、研究矿产评估数据、进行粗略的成本效益评估等。这可能会被视为机会主义,且缺乏学科研究的严谨性。但是我们认为它与改良措施相协调,也与决疑法的自下而上的取向相一致。毕竟,预先假设学科界限的方法在今天已经过时了。

评价:评价问题与目标问题密切相关——要知晓某事是否成功,我们需要知道其目标是什么。重申我们的目标:田野哲学家们信奉另一种意义上的成功,认为帮助非哲学家们重新构想并解决他们自己的问题具有更高的价值。就田野工作而论,预先不知道何为可接受的严谨方法。恰当的严谨性将在个案的基础上依据经济的、适时的和政治的迫切情况进行界定。它还将主要根据田野哲学家实现非学科目标的有效性进行界定。传统的文献计量学可以被利用,但其重要性较之其他评价方法将会居于其次,通常是评价影响的具体案例方法。

制度安排:田野哲学必须最具递归性。田野哲学研究应该包括反思自身的制度现状,确保有适当的标准和程序在适当的地方去评估非学科实践。其他哲学教员、系主任和大学管理者,连同各种公私领域的活动者,在建构新的、通常是临时的制度框架,也即加斯顿(Guston,2000)所称的边界组织时,全都会成为潜在的利益相关者。田野哲学的制度构建方面也有教学方面的考量,因为它必须培养一个具备成功的田野工作所需要的非正统技能的未来从业群体。

盟　　友

我们不是唯一寻求打破——或为其增加点什么——哲学学科模式的学院哲学家。有一个边界模糊的公共哲学家(而非应用哲学家)队伍,他们正在尝试新的、非学科研究模式。在这部分,我们简要考查了这些哲学盟友,勾勒了一个新兴共同体的大概轮廓。此处的信息是双重的。第一,这些思想家正在从事打破研究的学科模式的创新工作。我们从他们所从事的交叉学科和跨学科活动中学到了很多东西。第二,这个新生的群体并没有为哲学建立一个系统的理论化的非学科模式。大量的这种非学科工作仍处于边缘;如果它没有被认为是一种替代模式,就会被误认为是一系列一次性事件的危险。

我们的论证始于(在第一章)我们所谓的模式2哲学——任何打破知识生产和转化的学科模式的哲学研究和教学方法。模式2哲学由专注于非学科受众的学院哲学家(或受过学术训练的哲学家)践行,因而与应用哲学不同。它致力于满足进行更多反思的社会需要,这种需要起因于专业化、碎片化、不言而喻的假设,或只是缺乏时间去思考。

在存在部分重叠的情况下,模式2哲学可以分为四个主要分支:

· 流行路径:这包括哲学咖啡馆,在这里,哲学感兴趣的永恒话题或当代有争议的问题被讨论,这些讨论可以在结构化但非正式的社交场所进行,也可以在博客、播客等网络上进行。由北亚利桑那州大学的安德烈·奥查德(Andrea Houchard)主持的公共利益哲学(Philosophy in the Public Interest)有一系列这样的项目:校园中的哲学、环境伦理学宣传、道德勇气(为处于危险中的高中生开设的课程)、哲学与电影系列和热点问题咖啡馆。其他例子包括在诸如哲学时刻(Philosophy Now)、得到部分反省的生活(The Partially Examined Life)和哲学迷(Philosophy Bites)等网站上的播客和博客。[4]

· 教学路径:这可以分为两种:哲学家在大学课堂之外教授哲学(例如在中小学或监狱)和哲学家将公共参与纳入他们的大学课堂(例如服务学习和公民参与)。这里的领导机构是哲学学习与教学组织(PLATO, Philosophy Learning and Teaching Organization),它支持向K-12阶段的学生介绍哲学。也有专门讨论这些问题的期刊,包括《童年、哲学与思想:儿童的哲学期刊》(*Childhood and Philosophy and Thinking*: *The Journal of Philosophy for Children*)等。

· 交叉学科路径:这注重学界内部的合作。例如,实验哲学家应用其他学科的方法(特别是认知科学和社会学)作为新方法去解决哲学问题(Knobe and Nichols 2008)。其他哲学家帮助科学家和工程师从哲学维度思考他们的研究。由密歇根州立大学的迈克尔·欧洛克和博伊西州立大学的斯蒂芬·克劳利(Stephen Crowley)主持的工具箱项目(Toolbox Project)通过一项旨在引起不同世界观的结构化调查和讨论,去帮助交叉学科的科学和工程研究团队——最终目标是培养促进跨学科协作,促使研究项目更加成功(O'Rourke and Crowley, 2012)。与之相似的一个项目是社会—技术整合研究(STIR, Socio-Technical Integration Research),它由亚利桑那州立大学的埃里克·费雪(Erik Fisher)主持。社会—技术整合研究把哲学家和其他人文学者聚集在科学和工程实验室之中,努力使他们意识到其研究中的社会和伦理维度,以便进行更加负责任的创新(Fisher and Mahajan, 2006)。

- 跨学科路径:这通常含有跨学科的元素,但把学院之外的利益相关者——常常是政策制定者或参与政策讨论的公众——作为其主要受众。密歇根州立大学的保罗·汤普森在农业公私部门都成功地进行了他所称的"偶然哲学"(occasional philosophy)的职业实践(Thompson, 2010)。我们的很多田野哲学工作也具有跨学科取向。

还有其他划分模式 2 哲学的方法。例如,项目可以来自特定的拨款。它们在某些类型的协议、调查工具等方面有一定的方法。它们可以产生自非哲学受众的邀请(即需求或供给驱动),其范围设计从一个哲学家明确的、基于拨款的约定到与科学实验室成员合作,为其提供哲学家关于政策问题的相当非正式的社会交往和评论。模式 2 项目可以是,要么提出问题和促进对话,要么需要提出建议,甚至提倡特定行动或效果。

鉴于这些区别,现在我们转向一些促进模式 2 哲学的主要群体。为简单起见,我们将只谈及三个组织,我们认为他们在培养模式 2 实践共同体上作出了一流的贡献。

(一)公共哲学网络(PPN,The Public Philosophy Network)

公共哲学网络产生于 2010 年 APA 公共哲学委员会〔当时由伊丽莎白·明尼克(Elizabeth Minnich)支持〕主办的一次研讨会,那次研讨会是当时旧金山太平洋区 APA 会议的一部分(见 Meagher and Feder 2010;Meagher 2013)。我们和其他 40 位哲学家一起参会。研讨会的"催进发言人"(catalyst speakers)有安德鲁·赖特、约翰·拉赫兹(John Lachs)、琳达·马丁·奥尔科夫(Linda Martín Alcoff)、诺艾尔·迈克菲、爱德华·多门迪塔(Eduardo Mendieta)、威廉·沙利文(William Sullivan)和南希·图安娜(Nancy Tuana)。研讨会的目的是探讨公共哲学的意义和价值,构建志同道合的学者网络。最终,参会者达成三个共识:哲学是一种公共物品,应该在公共空间与不同公众共同实践;公共哲学具有提高公共生活利益的明确目标;公共哲学应该是解放性的(即帮助那些最脆弱的人,尤其是通过权力结构的批判分析)。公共哲学网络后来形成了线上社会网络,到本书撰写时为止已经主办了三次会议:2011年(华盛顿特区)、2013年(亚特兰大)和2015年(旧金山)。该网站作为一个门户链接,服务于30多个亲合群体和900多个个人成员。虽然没有与公共哲学网络有正式的联系,但是《公共哲学期刊》(*Public Philosophy Journal*)部分产生于公共哲学网络会议中的对话。

(二)关于科学与工程的社会相关性哲学/ 科学与工程中的社会相关性哲学(SRPoiSE)

也是在2010年,即诞生了公共哲学网络(PPN)研讨会的同一年,我们前往密歇根州立大学参加了一个研讨会,探讨了哲学家和哲学院系参与社会联合体的想法。那年,凯瑟琳·普莱桑斯(Kathryn Plaisance)(滑铁卢大学知识整合中心)和卡拉·费尔(Carla Fehr)(爱荷华州立大学哲学与宗教研究系)在《综合》(*Synthese*)组织了一期名为"让科学哲学更具有社会作用"的专刊。在此专刊中,他们提出了首字母缩写词SRPOS(socially relevant philosophy of science,社会相关的科学哲学),写道"这个项目的推动力来自对科学哲学错过了产生更广泛的社会影响的机会的一种敏锐的感觉"(Fehr and Plaisance,2010)。

在接下来的几年里,经过一系列非正式的社会网络和研讨会,SR-PoiSE产生了。其核心机构成员最初包括密歇根州立大学、宾夕法尼亚州立大学的岩石伦理研究所(the Rock Ethics Institute)、达拉斯得克萨斯大学医学、科学和技术价值中心(Center for Values in Medicine, Science, and Technology)、圣母大学赖利科学技术与价值中心(Reilly Center for Science, Technology, and Values)和特拉华大学科学、伦理和公共政策中心。到撰写本书时为止,大概有30个个体会员。SRPoiSE的使命是"提高所有专业哲学家与科学家、工程师、政策制定者、普通公众的合作与参与能力,培养负有认知和伦理责任的科学技术研究"。

(三)科学哲学实践学会(SPSP,The Society for Philosophy of Science in Practice)

科学哲学实践学会于 2005 年在科学哲学协会(PSA, The Philosophy of Science Association)的温哥华会议上成立。较之 PPN、SRPoiSE,SPSP 更多的是由欧洲主导的,其创建者有亨克·德·瑞特(Henk De Regt)(阿姆斯特丹自由大学)、马塞尔·博曼斯(Marcel Boumans)(阿姆斯特丹大学)、梅奇·布恩(Mieke Boon)(特温特大学)、哈索克·张(Hasok Chang)(剑桥大学)和瑞秋·安克尼(Rachel Ankeny)(阿德莱德大学)。SPSP 每年召开一到两次会议,到 2015 年,其邮件列表上的成员已超过 750 人。SPSP 可以看作是长期进化的一部分。赖施(Reisch 2005)指出,维也纳学派(Wiener Kreis)背后的原始动力在本质是社会政治的和认识论的,但到 20 世纪 50 年代,主流的科学哲学已经变得具有浓重的内在主义倾向。20 世纪中叶的科学哲学没有重视技术科学的更大的文化影响,其结果导致了 60 年代科学技术论(science and technology studies)的发展。托马斯·库恩(Thomas Kuhn)1962 年发表的《科学革命的结构》标志着科学哲学远离其内在主义焦点,真正转向历史和文化的漫漫长征的开始。SPSP 的成立因此可以被视为是这一过程的下一个合乎逻辑的步骤:通过强调现实世界中科学实际应用问题,而对 20 世纪主流科学哲学的缺陷的一种回应。

同 PPN 和 SRPoiSE 一样,SPSP 的讨论通常也很难打破学科俘虏的束缚。例如,2015 年在丹麦奥尔胡斯(Aarhus)举行的 SPSP 大会,几乎没有关于非哲学的受众会从所提供的分析中获得什么,或关于如何需要改变哲学家的角色,或如何改变哲学工作质量标准去应对这些不同环境的报告。尽管这些群体最大限度地思考着超越学科性,但在如何重新定位哲学的制度表达方面仍有概念性的工作要做。我们认为田野哲学的概念可以在这方面提供帮助。

学院哲学的制度

> 哲学,作为世界的思想,直到现实结束其形成过程,并且完成自身之后才会出现……直到现实成熟了,理想的东西才会对实在的东西显现出来,并在把握了这同一个实在世界的实体之后,才把它建成为一个理智王国的形态。
>
> ——黑格尔

即使承认学科规范普遍的一致性,在专业哲学领域仍然有许多可称为去学科化哲学(dedisciplinary philosophy)的试验。然而,却没有把这些试验的出现上升为制度意识和承诺。在相应制度出现之前,正在进行的创造性工作将在过去的工作基础上绽放、死亡和再次绽放。

到目前为止,我们还看不到这种制度工作的证据。一项哲学专业组织的调查显示几乎没有对哲学的制度层面进行的哲学思考。APA举办过三次部门会议,发布工作列表,召集诸如女性在这一职业中的地位等中层(当然也很重要)问题工作组。至于哲学文献中心(Philosophy Documentation Center),每隔几年收集一次统计材料,该组织管理各种期刊和会议的后台工作。但没有对趋势进行跟踪,例如,是否或在何种程度上哲学教师吸引联邦资助、改变终身职位和晋升标准、从事应用研究,或者在非哲学期刊上发表论文——这些问题在我们2010年的调查中已提出(Frodeman, 2012)。除非为了高深的理论,对学科的哲学和社会学分析的搜索是徒劳无益的(例如,Collins, 1998)。也没有关于哲学学术文化是否不适应21世纪社会的持续分析。甚至没有像现代语言协会(MLA)对自身的社会分析那样的分析,[5]仍然保持着传统的样子。

这个行业目前对其使命诠释的一个标志能在APA主任的职位中找到。现任(2016)执行理事的背景——女性研究学士学位、公共政策和管理硕士学位——反映出一种值得称赞的开放性,表现在对不同技能以及诸如在多样性、交流与发展、非营利管理等领域需要具备实践能力意识的开放。这一切都是好事。但学科在理论层面也面临着的问题,这就要求对职业状态进行历史和社会学分析。像APA这样的制度机构应该在确定21世纪哲学的趋势和新机遇方面发挥领导作用。引入女性研究和公共政策视角代表了一种更多向跨学科的哲学观转向的可能性——如果确实这些视角问题存在于APA的新倡议和新方法中的话。

在当前的制度中也有一些创新之处。也许其中最值得注意的是亚利桑那州立大学。在亚利桑那州立大学,这一过程主要由校长迈克尔·克罗(Michael Crow)推动。克罗的关注焦点一直集中于重新思考21世纪研究型大学的功能与结构——这个观点他在一些论著中明确阐述过,包括《设计新的美国大学》(*Designing the New American University*)。在他的影响下,亚利桑那州立大学哲学系和哲学的地位都发生了转变。

相关的证据表明,这一过程进行的并不是很顺利。有一次,克罗在亚利桑那州立大学的聚会上说,他认为哲学是他到来后最大的败笔。[6] 不同的来源描述了下列一系列事件的不同版本。克罗在其任期内的早期就访问了哲学系;既然每一所伟大的大学都需要伟大的哲学课程,那么需要什么资源来完成这项工作呢?哲学系回应说他们已经具有了一流的课程。克罗争论说,亚利桑那州立大学需要更能响应社会需要的哲学课程。哲学系又提出异议,作为回应克罗把哲学放在了一个新的单位,历史学院的哲学与宗教研究所——在一定程度上不再重视哲学系。[7] 一些坚持使用哲学标准方法的哲学家在其他机构找到了工作。在2015年,哲学有大约10名全职员工(FTEs)。它的博士学位项目开始于2000年,但在2009年大萧条时期,哲学也在受影响的学科之列,其博士学位项目停止招生。在2013年,博士学位项目重新启动,但现在设想一种"新重组的注重实践和应用哲学的哲学博士学位"。

然而,这只是亚利桑那州立大学哲学活动的一部分。还有一些哲学家进入到校园的其他院系,如地球与太空探索学院(SESE,School of Earth and Space Exploration)、生命科学学院(SOLS,School of Life Sciences)等单位。生命科学学院有哲学家本·米特尔(Ben Minteer)、简·梅恩沙因(Jane Maienschein)和理查德·克瑞思(Richard Creath),他们都是在项目层次进行跨学科和交叉学科工作。米特尔与生物学家、野生动物管理者和动物保护主义者就灭绝、遗失、恢复和复活问题进行合作。梅恩沙因开设了一个实验室,把"认识论标准、理论、实验室实践和实验方法的分析结合起来,研究人、机构以及科学发展中的社会、政治和法律环境的变化"(见她的网站)。

密歇根州立大学也有类似的情况。它的哲学系比亚利桑那州立大学更大,拥有双倍的人数(约 20 人),与亚利桑那州立大学相比,它很少有哲学家分布在其他院系。但有人发现哲学家工作在像莱曼布瑞格斯(Lyman Briggs)这样重视科学课程的寄宿学院里。同亚利桑那州立大学一样,密歇根州立大学的哲学家们也定期申请 NSF 的资助,具有很多正在进行的跨学科项目。就像我们在前面提到的,保罗·汤普森在农业伦理问题方面与公私部门都有着丰富的合作经验。迈克尔·欧洛克和同事们举办"工具箱"研讨会,帮助跨学科团队更加意识到他们自身的认识论和形而上学假设。另一方面,从我们搜集的资料来看,很少有人尝试把学科化与去学科化这两种角色视为是相互补充的,或两种活动之间应该有交流。这两所大学都不自觉地努力为公共或私人部门的工作培养哲学博士。

也许最明显的疏漏是:虽然克罗在演讲和论著中都明确地意识到把亚利桑那州立大学描绘为一种 21 世纪研究型大学的新模式,但搜集关于亚利桑那州立大学(或密歇根州立大学)的哲学或人文学科模式的书籍和论文却是徒劳无益的。在这里和其他地方的哲学家可能分布于很多院系,但他们不会以任何有规律或有组织的方式见面,也没有被当作一个具有共同使命,比如进行去学科化活动的整体对待。各个学院的哲学家之间在组织上、理论设想上缺少联系。

关于哲学的自由主义偏见

我们已指出,现代研究型大学中的哲学在尊崇苏格拉底方面言语多于行动,但苏格拉底的遗产中有一项则是哲学家们一直在坚持的:走我们自己的路。自主性是我们 DNA 中的一部分。就我们的专业本能而言,如果没有政治承诺的话,我们都是自由主义者。院系加强了这一点,充当着个体化、社会隔离和某种认知闭包的机器。

我们应该认清关于机构的非哲学态度的哲学原因。某种程度上它反映出学术界对群体思维的蔑视和对人的自主性的戒备。院系的结构——即格拉夫所称的领域覆盖模式——确保了不干涉和自决性的最大化:没有人会去告诉我教什么或研究什么。这种结构也反映出哲学家的历史的、分析的和个人主义的偏见。笛卡尔把个人认知置于社会结构之先。同样的态度弥漫在政治哲学之中:社会契约论假设鲁滨孙漂流记存在于任何国家或社会结构的建立之先——尽管童年、语言和文化都是社会的基本要素。

再来审视一下政治哲学,比较一下约翰·罗尔斯(John Rawls)的《正义论》(*A Theory of Justice*)与丹尼尔·卡拉汉的文章《生物伦理学作为一门学科》("Bioethics as a Discipline")。二者都发表于 1971 年。二者在哲学的组织历史上提供了两个分支。[8] 关于罗尔斯,库克力克(Kuklick)写道:"正如奎因在谈论翻译时会回避语言学那样,罗尔斯忽视了尝试构建一个公正社会的集体经验。在现实生活中,对某人的实际文化轨迹的一无所知——其性别、年龄、社会地位和种族——会使其脱离政治;罗尔斯使这种无知成为可接受的参与的必要条件。"(pp. 263-264)学科性的社会隔离形塑了哲学思想的内容:学科的纯粹性为罗尔斯思想的抽象性奠定了基础。另一方面,卡拉汉接受了实践的冲撞和他所称的"生活现实"的泥淖。他意识到如何与非哲学家们实时合作，这从根本上改变了他的哲学工作的形态和内容。这些经历迫使他面对哲学家们无意识地实践着的"学科还原论"——习惯于隔离一些公认的现实世界中喧嚣的哲学问题，将其提炼出来，给其贴上问题的标签，并对其进行权威性讲解。这个习惯生产出了非哲学家们常常觉得无用的知识，因为纯粹的哲学空间无法切入他们所面对的问题。这使卡拉汉认为，当生物伦理学家在交叉学科和跨学科语境中工作时必须践行"一种不同的严谨"(Callahan, 1973)。当某人离开院系时，知识生产和认知活动必须以不同的方式组织起来。正当罗尔斯建构天空之城时，卡拉汉制定了一个培训新型哲学家和制度化(institutionalizing)新型哲学实践的项目。

尼采曾在《善恶的彼岸》(*Beyond Good and Evil*, 1886)中指出，知识的范围已经扩大到如此程度致使哲学家厌倦于学习，"让自己滞留于某处而变成一位'专家'——所以他从来没有达到应有的水平"。但除其认识要素外，学科性还根植于个体心理之中。徘徊于其界限之外会招致迷失方向和脆弱性的名声。尽管如此，我们可以调整自己不具有权威性。哲学思考存在另一种方式——一种间隙的、横向的、互相的方式。田野哲学打破了圣人著书立说并自上而下传授给受众的模式。相反，我们可以成为合作伙伴，作为一个团队的成员进行工作，寻找切入点，用我们的平生所学去作出贡献。

注 释

1. 尽管10年前我们确实协助在智利南部创建了一个哲学的田野研究站：http://chile.unt.edu/our-approach/pan-american-environmentalphilosophy-network。

2. 三艺指文法、逻辑和修辞三门学科，四术指算术、几何、天文和音乐四门学科。——译者注

3. 该论点的部分内容出自 Frodeman Robert, Briggle Adam, Holbrook J. Britt, 2012.Philosophy in the Age of Neoliberalism. Social Episte-

mology, vol. 26, issue 3&4。

4. 这里可以找到一个很好的播客列表：http://people.wku.edu/michael.seidler/50pod-casts.pdf。

5. 例如，见2014年博士研究任务小组关于现代语言及文学报告（2014 Report of the Task Force on Doctoral Study in Modern Language and Literature），在 https://www.mla.org/Resources/Research/Surveys-Reports-and-Other-Documents/Staffing-Salaries-and-Other-Professional-Issues/Report-of-the-Task-Force-on-Doctoral-Study-in-Modern-Language-and-Literature-2014。

6. 出于可以理解的原因，我们的消息来源要求匿名。

7. 大多数，但并非所有我们的消息来源都同意这个说法。

8. 我们可能会注意到另一条源自杜威的道路，它产生了政策科学，用一种非实证主义的方法解决具有规范性维度的社会问题。政策科学可以被视为是一种介入性哲学(engaged philosophy)的别称。

第七章 "影响"的哲学

前一章论述了我们加强哲学对社会影响的方法,我们称之为田野哲学。该章也提出了一系列关于社会需求的更大的问题,即研究要对社会更负责任。换言之,一种逆转性工作即将发生:哲学的影响的问题意味着责任和影响的哲学(philosophy of accountability and impact)的发展。何谓"影响"?影响的不同类型有哪些?我们能不能把影响按多少、好坏区分排序?是否存在知识不具有任何影响的情形?

对于那些在研究(或就此而言,教育)中寻求更大责任感的人,"impact"是一个可疑的隐喻选择。这一术语就太过牛顿式了,意味着像车祸的影响那样,而大部分结果要比这种影响更间接和更多样。诸如"influence"或"sway"这样的词更能代表涉及的复杂过程。我们不能用测量一辆车撞墙的影响的相同方法去测量研究的影响;没有像 $F = ma$ 这样的方程式。此外,任何度量影响的标准都含有解释的成分并负载价值。在"科学的"虚假尝试中黑箱化这些(认识的、政治的和形而上学的)价值标准并不能使它们消失——除非可能因为政治现实的问题(Briggle,2014)。

认识到这些事实,《莱顿宣言》(Leiden Manifesto)概括出了使用文献计量学评估研究的十条原则(Hicks et al. 2015)。对文献计量学家进行行为规范是一个好的开端。但影响的哲学(无论冠之以何种名称)需要考虑存在于当代关于影响的讨论中的广泛的哲学假设(Frodeman,

2016)。考虑一下嵌入在需求中的假设以获得更广泛的影响。因为我们认为每个人都能同意的一件事就是他们想要更多的钱,所以"更广泛的影响"在很大程度上可以被定义为经济性质吗?但因为愈加清楚的是每次收入的增加都有取舍权衡(例如,中国在平衡经济增长和环境卫生方面的努力),难道我们不是已处于这种认识的尽头吗?同样:考虑一下按时毕业的教育标准。当学生发现了隐藏的兴趣或天赋时,这难道不是他们对改变专业的自我认识不断增长,从而推迟毕业的标志吗?与在一生的工作中获得更大程度幸福和满足的机会相比,一两个学期的学费和薪水损失又算什么呢?

这些事情——在我们看来是尼采式的——构成了相关知识(pertinent knowledge)的问题。知识在美好的生活中扮演着什么角色?"知识社会"是真正纯粹美好的吗?我们是否思考过"有用"或"实用"的含义?甚至提出这样的问题会置某人于被当作怪人而被解雇的风险之中,或者被归为反动分子和顽固分子。思维正常的人知道生活应该是不断进步的,对知识持续加速的追求显而易见是好事。几乎没有人意识到这构成了使人类神化的有效方案(参见 Fuller, 2011)。尽管如此,我们还是要问:知识(无论哪种)总是相关的吗?或者是否有时知识生产会变得十分不相关,会变成一场消遣、一种伎俩,甚或一种危险(参见 Shattuck, 1997)?丹尼尔·萨雷维茨(Daniel Sarewitz)曾指出对于那些不想做出艰难决策的政客们来说,如何呼吁进行额外的科学研究可以起到"借口"的作用(Sarewitz, 1996)。现在这个问题已经呈现出了更加危险的色调,突然出现在了不常见的地方,甚至在技术精英当中。关于这种恐惧,人们常常引证比尔·乔伊(Bill Joy)在 2000 年发表的文章《未来为何不需要我们》("Why the Future Doesn't Need Us"),但是最近其他一些技术名人如伊隆·马斯克(Elon Musk)、比尔·盖茨(Bill Gates)和尼克·博斯特罗姆(Nick Bostrom)等都对一种特殊类型的技术进步的危险——人工智能——表示担忧。

此处我们只能提出这样的问题。但事实上,我们的主要观点是:哲学需要在尽可能多的场所提出这些问题,既要提高自身的相关性和活力,又要挑战一个过于容易将"影响"和"创新"视为无可置疑的商品的社会。这个话题为哲学提供了一个理论工作的机会,开辟一个知识空间,它可以从社会和政治哲学、认识论、跨学科哲学、行动哲学及科学政策等方面汲取营养。

在下文中我们首先考察最近关于影响的思想史,这一传统在政策科学和科学政策中找到了自己的家园。然后我们回顾哲学和人文学科中讨论影响的历史。我们在讨论影响的过程中采取了折中的方法,即以意图和过程为中心,而不是以产出和结果为中心。我们称我们的方法是提高我们的道德想象力、好奇心和考虑周全的行为。

禅宗与知识生产的艺术

追求知识有什么好处?当研究者自费研究时,这个问题很大程度上是个人问题。但当有人支持这项研究时,这个问题就是一个社会问题:他们要在投资上看到什么样的回报?当公共资金处于危险中时,它就变成了政治问题:这项研究服务于公共利益吗?当研究可以终结人类文明时,它就变成了存在主义的问题,就像随着二战结束之际原子弹的出现使之成为可能一样。随着遗传学、纳米技术和人工智能的最新发展,最后一点获得了新的相关性。

万尼瓦尔·布什(Vannevar Bush)在1945年的报告《科学——无尽的前沿》中首次对公共资金资助的研究进行了系统辩护——这是对影响问题的一个看似有力的回答。布什为研究的公共资助制度化提供了理由。他希望在战争结束后保持公共资金的运转。但他也试图消除那些约束研究人员的限制,那些限制使研究人员将目光投向直接应用的项目,比如改进雷达和炸弹。他的小册子成为美国国家科学基金会(NSF)的蓝图。布什提出了一个与众不同的论点。他认为,"基础研究是在不考虑实用目的的情况下进行的。"然而如果没有基础研究,那么发展卫生、安全、教育和通讯所必需的知识储备将会枯竭。"从统计学上来说，可以肯定的是，一些重要的和非常有用的发现将来自于基础科学的一部分；但任何一项特定研究的结果都无法准确预测。"

这个论点读起来就像一个禅宗公案。研究是无用之用。知识因其内在价值而被追求——尽管产生了实用结果。影响从来不是有意要产生的，但它们总会产生——就像每个冬天过后，黄鹂就会出现，而且是不请自来的那样。科学能预测一切，但预测不了它自己的结果。眼睛能看到一切，但看不到眼睛本身。这个奇特的论点成了科学和社会之间的默认契约。它创建了一个以学科标准为前提的问责制度。责任由同行评议界定：科学研究由学科同行进行评判。如果同行按照他们的标准认为某项研究是好的，那么该项研究对社会就是实际上有益的。同行评议确定了科学家的义务范围：只进行好的研究——没有必要再去思考它更广泛的影响。社会可以自由提取它认为合适的研究成果，将研究成果转化为影响。至于如何展开则与研究者无关。

影响的路径因而被遮蔽了。此外，路径必须保持黑暗；照亮路径是为了消除成功所依据的阴影。那些没有信念的人只需要去看看成功的记录。由于成果自动（尽管不可预知）产生影响，所以无需跟踪或测量影响。相反，这是一个计算过的投资的机缘巧合。按照布什的说法，这是"自由知识分子的自由发挥，研究他们自己选择的主题，由他们的好奇心支配的方式去探索未知"，在一个愉快的巧合中产生一个更健康、更富有的社会。在统计方面，我们只需要记录通过同行评议的文章。高质量的（即学科，同行评议）研究是高影响力研究的充要条件。

这是对影响问题的一个液压式（hydraulic）回答。知识从大学降低压力梯度流向社会。迈克尔·波兰尼（Michael Polanyi, 1963）随后把这个观点用市场用语来表述。研究通过"独立能动性的自发协调"产生作用。波兰尼说，你可以扼杀科学，但你不能塑造或指导它，因为它"只能通过基本上不可预测的步伐追求它自身的问题而进步，而且这些进步带来的实践效益是偶然的,因此是双重不可预测的"。但是自由和随之而来的不可预测性是必要的,即使这使得他们成为"一个高尚的事业不那么有吸引力的一面"。

这个机缘巧合模式——与水寻找其自身的水平面的机制相对应——作为默认的影响的哲学而存在。它的禅宗式的特性拒斥分析。正如植物"知道"如何开花,我们"知道"如何呼吸,但这种知道不能在命题中被表达。知道即在做中。我们知道研究如何影响社会,因为它确实在影响。

从哲学的角度看,这是一个有意思的答案。这里有很多招人喜爱之处:它显示了对创造力源泉的尊重,也显示了对政治干预的迟钝性的蔑视。但是从公共责任的角度来看,这个答案是不充分的。除却它禅宗式的特性,它读起来就像"相信我们"——在怀疑时代,这是一个不可接受的答案。在削减预算和提高责任感的后冷战时代,资助机构需要关于影响的更具有说服力的说明。他们需要把布什和波兰尼所谓的简单"道路"置入公式、方法和度量之中。他们必须对它进行建模以使影响更有效。他们想要得到更有保障的投资回报。

问责文化的典型特征是给影响寻求一个不依赖于机缘巧合的解释。"给出一个解释"意味着要讲清楚影响是如何发生的,而不是像炼金术士那样在黑箱上挥舞双手。它在市场上显示出了持久的信念,依靠它自己的机缘巧合模式运行,即看不见的手。我们在这里看到两种极端的立场,但二者都不具有可行性。在一端,研究者们可以坚持自己的立场,坚持机缘巧合的神秘运作;在另一端,基金资助机构(私人的或公共的)可以要求对每一个路径和每一个影响进行彻底的(通常是计量经济学的)计算。这在认识论上是不可行的。因为布什和波兰尼是正确的,在某种程度上,研究及它与社会间复杂的相互作用的运作是完全不可知的,而且试图强硬地限定或控制这些相互作用将会适得其反。

人文学科:从价值到影响

对责任的要求一直是公共资助章程的一部分。但在美国20世纪90年代中期,要求对影响做出证明的社会压力显著增加。转变之一是在1997年NSF引入了更广泛的影响标准(Broader Impacts Criterion),要求同行评议者对研究计划的学术价值和更广泛的影响给予同等重视。第二个转变是2006年NSF创立的SciSIP规划——尝试让眼睛反观其自身。SciSIP支持这样的研究项目,即创建新的"能被应用到科学政策决策制定过程中的模型、分析工具、数据和度量标准"。其目标是"预测未来的研发投资可能带来的回报"以制定更多"卓有成效的政策"(SciSIP,2015)。第三个标志来自美国之外,是2010年英国创建的"研究卓越框架"(Research Excellence Framework),源自1986年的研究评估运动(Research Assessment Exercise)。在2014年该框架完成,154所大学提交了文献计量数据和6900多个关于他们研究的影响的案例研究,囊括从物理学到古典文学等领域。

在欧洲和英国,影响的议程对科学与人文都适用。后者的一个例子是欧洲研究领域的人文学科(HERA,Humanities in the European Research Area),它由21个欧洲人文研究理事会(European Humanities Research Councils)和欧洲委员会(European Commission)组成。与美国国家人文基金会(United States'National Endowment for the Humanities)相比,HERA项目一般与STEM学科合作。它们也赞同后者对影响的强调。此外,欧洲版的NSF、地平线2020(Horizon,2020)和欧洲研究领域明确包括社会科学与人文学科:正如前者的网站提到的,"社会科学与人文学科(SSH, Social Sciences and Humanities)研究完全被整合进了地平线2020的每个一般目标之中"。这导致了人文学科影响的文献创建在美国大量缺席(如Benneworth,2015)。

在美国,影响的议程主要限于STEM学科——国家人文基金会和国家艺术基金会(National Endowment of the Arts)不断受到要被国会取消的威胁,避开任何有争议的问题。但即使在 STEM 学科中的对话也不如欧洲发达。这在某种程度上是美国联邦制的产物,权力从华盛顿流向 50 个州。这样的制度使得普遍授权难以实现。但无论在州层面还是在联邦层面,哲学和人文学科终将被追究责任是不可避免的。一些一直关注此问题的美国人文学者欢迎影响的制度(regime)的可能性,但怀着混合着惧怕和傲慢的复杂心情——把半脑的(half-brained)、狭隘的、焦躁的标准强加于不能被简化为单纯的"效用"的领域(参见 Harpham 2011a)。

我们理解这种反应。但是轻蔑并不能使这些需求消失。而且,尽管这些需求令人不安,但影响的制度也有助于美国人文学科的复兴。柠檬水可以由这些柠檬做成。而且它应该是:对于现行的人文学科体系,研究离健康还很远。就像我们在前面提到的,据估计在人文学科领域约有 85% 的研究无人引用或者甚至无人阅读。人文学科研究的生产与消费之间的关系在很大程度上是出乎意料的,可以用震惊来形容。

人文学者在说明人文学科的影响方面做得很差。他们忙于生产学问却不问其社会价值,他们不认为关于这项工作的影响的荟萃分析是他们职责的一部分。当确实要试图解释他们工作的优点时,他们就依靠旧的思想范畴——比如说人文学科的价值(与之形成对比的是人文学科的影响),这经常是保守的和缺乏自信的表现。正如多诺霍(Donoghue, 2008)描述它的那样,其结果是"陈腐且无效的辞藻"。

现在,对哲学的辩护又回到了《申辩篇》。当然,在拉丁语中 apologia 意思是防御(defence),但在大多数的防御中,该术语的现代意义中都有一些"道歉的"(apologetic)成分。苏格拉底自己的申辩充满斗志,声称国家和市民社会非常需要他的努力,甚至要求对他的公正的"处罚"是为他提供一个一辈子的闲职。列奥·施特劳斯(Leo Strauss)在一系列的文章中(如 Strauss, 1952)强调了柏拉图思想中哲人和城邦之关系的中心地位,甚至对话形式本身充当双方的调解者,使哲学安全地获得了公共角色。

人文学科的辩护的现代起源是马修·阿诺德(Matthew Arnold)1869年的《文化与无政府状态》(*Culture and Anarchy*)。阿诺德常常被理解为是高雅文化的没落之欢乐的辩护人［部分是因为这个不幸的短语"甜蜜与光亮"(sweetness and light)］。事实上,他在促进文化方面的兴趣是由英国的民主和工业化共同发展引起的社会冲突激发的。阿诺德寻找到一条道路去克服1866年海德公园暴乱事件(Hyde Park Riots)体现出来的阶级利益的自私和狭隘(方方面面)。后来,阿诺德被用来支持文化精英主义——人文学科安居于其象牙塔中,是普罗大众的卓越典范。因而,美国现代语言协会(MLA)2004年的会长报告说:"除了理性的甜蜜和学习的光亮,我们没有什么可以提供的。"

阿诺德实际上把这个问题框定为文化和无政府状态之间的冲突。文化意味着德国人所说的教化(*Bildung*),通过请教最好的想法和说法去培养;个人用这些思想去摒弃坏习惯,就像社会用它们去解决自己的问题一样。无政府状态是他形容愚笨的自由主义的术语,愚笨的自由主义崇拜"自由本身和为了自由而自由"。新兴的工业化民主国家承诺为大众提供自由,但他们很容易浪费这份礼物。他们不是去践行完善自我的硬功夫,而是选择满足基本的快乐。阿诺德质疑物质效用的有用性:我们需要"光亮,它使我们能够超越机器,直到发现哪些机器是有价值的"。阿诺德是一个精英人士,但这是一些人的精英主义,这些人相信有可能确定更好或更坏的生活方式,他称其为文化,我们称其为哲学和人文学科。它是一个不只是由学科鉴赏力组成的人文学科的理念。

为哲学和人文学科提供辩护的现代文献包括纳斯鲍姆(Nussbaum,2010)、斯莫尔(Small,2013)、德雷谢维奇(Deresiewicz,2015)和扎卡里亚(Zakaria,2015)。他们的辩护可分为:

·教学的辩护:人文学科教授批判性思维,广泛适用于各种环境。清晰而有力的读、写、说技巧永远不会失去实用性,人文学科集中于这些技巧，并给予示范。

· 内在的辩护：学术服务于真、善、美的内在价值。人文学科不具有也不需要更大的目的或辩护，甚至在个人修养方面也不需要。

· 公民的辩护：人文学科帮助我们领会人类经验的深度、共性和多样性，使我们能够成为更好的人和更有能力的民主公民。

我们将在这个列表上增加另外三种：

· 批判的辩护：人文学科批判传统和权威，培育关于共同理想的批判性公众对话。苏格拉底是这个范例的代表，哲学家是牛虻。

· 亚里士多德式的辩护：人类的至善是沉思——专注于事物的经验而不是想着要把它们变成其他东西。（在某些情况下，这就是上述内在的辩护的内容。）

· 黑格尔式的辩护：科学与技术，长期以来被认为是人文学科的反面，已经超越了其自身。理性的狡计（Cunning of Reason）的价值已逆转，技术科学显著增加了所有类型的哲学问题。

我们可以对此列表作详细说明，但任何这样的讨论都不应该分散我们对关键问题的注意力：如何实现或实施这些价值？通常当人文学者对其研究价值进行分类时，他们认为这是通过被动扩散的学科模式打包和投递的。

伊凡·伊里奇关于根本垄断（radical monopolies）的评论强调了"价值"讨论的局限（伊里奇，1973）。没有任何单一汽车品牌能够垄断路上的汽车。路上有福特、雪佛兰、丰田等品牌的汽车——有人可能会说，选择范围很广。但作为一种运输方式，在某种意义上汽车实行根本垄断，它们边缘化了如步行、自行车等其他运输方式。以汽车为中心的发展的前提是高速公路、停车场、大庭院和长距离，这给那些想要骑自行车或步行的人造成了不好的环境。在哲学研究中，我们看到了在活动内容和方法上与之相似的多样性和一致性。在某个层面上，存在着一种不受约束的多样性；但在另一个层面，这些努力（几乎）都是同一种类型。专著和论文在同一制度空间内运行，这是教授的学科空间，他们视知识为一种学术活动。在一堵墙后面进行工作，这堵墙把里面的同行与外面的其他学科和社会隔离开来。就像汽车易于挤走行人一样，这个学科焦点也易于挤走其他研究模式。同行共同体之外的工作被认为是可疑的——不够严谨、很泛化，或令人畏惧的服务范畴。甚或更糟，是对"真正"学术的背叛。

哲学家和人文学者们尽管不熟悉万尼瓦尔·布什，但他们却接受了他的影响渗透模式。这就是他们在问责文化中遇到问题的地方：政治阶层越来越想要看到研究人员证明他们的研究如何造福社会，而依赖于知识的被动扩散的人文学科的"价值"讨论并没有解决问题。想象一位州立法委员，他会这样说："是的，你写了一篇关于克隆的伦理问题的论文。但准确地讲，那篇文章到底对社会有什么好处呢？不要只是告诉我你的目标价值是什么，而是要让我沿着影响的路径走下去，让我能看到价值实现。"我们不仅仅需要了解人文学科的价值，还需要理解如何实施和调动这些价值。从实践上讲，非人文学者应该如何实现这些价值？如果没有对受众、制度和实践的这种专注，我们冒着风险罗列的人文学科的价值，就等同于我们可能把珠宝放在一个深锁在海底的宝藏箱子里一样。外面的世界不只是想知道我们有什么宝藏，还想知道如何明智地使用它们。

价值的讨论取决于这样一个基本假设："如果人们愿意参与我们的研究，那么他们就能从经验中获取这些价值。"（摘自上文的分类法）但是他们会参与吗？他们受到影响了吗？你如何知道？你是否有让他们参与的计划？除了渗透扩散的机缘巧合模式外，研究的学科模式对这些问题没有回答。我们将被要求做得比那更好。

人文学科的另一种未来

随着影响制度在美国的建立，上面列出的人文主义的价值如何实现？人文学者可以用什么策略去绘就前进的道路？

只进行教学。一种可能性是,唯一可以幸存的条件是人文学科的教学价值。人文学科的研究在很大程度上可能会绝迹,就像州立法机构决定的那样,我们不需要 16772 篇关于莎士比亚或亚里士多德的论文(参见 Harpham,2011b)。美国文化弥漫着这种观念,即科学是社会进步的基础。当选的领导者是该文化的产物,所以他们可能会因为要获得更大的可证明的影响而向科学家们施加压力,他们会依然赞同科学研究的重要性。这样的赞同在人文学科的研究中不存在。情况曾经是另外一个样子:在更早时期,保守派和自由派有理由去支持人文学科。20 世纪是一个意识形态交织的时代,人文学科是反对共产主义和法西斯主义的壁垒。但是随着冷战的结束,人文学科在定位上作为自由主义变得更加坚定,这种状态在今天已危及它们自身。

人文学科的研究将在拥有大量基金的精英私人机构中幸存下去。但在公共机构中,大规模缩减是有可能性的,即使在像威斯康星大学那样有声望的大学中。那些制作预算和组织学术生活的人可能选择把教学和学术分开,拯救前者、丢弃后者——这是威斯康星州州长斯科特·沃克正在执政的方向。他们可能会认为,人文学科唯一真正的价值就是课堂经验,它是完整课程的组成部分。这样使用教授们将会更好:让他们把时间花在教学上,而不是花一半时间去生产很少有人问津的学问。

内在价值。人文学科之所以缺乏科学所享有的政治同情,其中一个原因是它们对"内在价值"讨论的诉求。正如本尼沃斯(Benneworth,2015)指出的那样,人文学科"确信它们是'无用的',甚至功利性会损害它们的基本价值"。万尼瓦尔·布什很可能视科学为其对自身的奖赏,但他并没这么说。他主张我们应该让科学家们去研发他们想研发的项目,但仅仅因为这是改善社会卫生、财富和幸福的方式(这就是他谈"基础研究"而不是"纯粹研究"的原因)。相比之下,人文学者怀着"为艺术而艺术"(*l'art pour l'art*)的心态。机缘巧合可能是非常无意识的和间接的,但至少这是关于影响的一种叙事。内在价值,换言之,就是对影响不予讨论。

人文学科内在价值的描述既华而不实又昏聩愚昧。例如,文艺理论家斯坦利·费希(Stanley Fish)在《纽约时报》论称,人文学科应该与所有"有用性"的东西脱离关系:

> 对"人文学科有什么用?"这一问题的唯一诚实的回答是,一点儿用也没有。但这个回答是给它的科目带来荣誉的回答。毕竟,从其性能之外的角度来看,合理性赋予了活动价值。一项不合理的活动是拒绝把自身视为是实现某种更大价值的工具的活动。人文学科它们自身就是价值。

这可能意味着什么?在何种意义上人文学科就是其自身的价值?自我娱乐?个人宗教狂热?难道对研究它们的人或它们的学生或同事的个人性格没有更大的影响?在费希的上述表达中,我们可以用集邮代替人文学科,并可以从中获得同样的意义。由于拒斥诉诸价值概念,费希无法把人文学科从最琐碎的爱好中区别开来。费希的问题部分依赖于目的与手段之间假设的二元论:手段无非是通往不同目的的渠道。但是为什么不把人文学科—社会的关系看作是手段与目的相互缠绕着的实践呢?比如做饭、切菜和倒酒等实践都兼具有内在价值和工具价值。价值就在活动及其结果之中。手段与目的严格的分离是人文学者需要挑战而非采取的一种思维方式。

最后,费希的立场可归结为是一种没落的(无疑是贵族的)审美主义——智力上的需要,对于那些无视弥尔顿的快乐的凡人来说,它具有一种居高临下的优越感。今天,这种态度在政治上是无法得到支持的。大部分高等教育机构是公有的,全部——通过学生资助和政府发起的研究——都是以这种或那种方式由公共资助的。费希的"唯一诚实的回答"的言辞不太可能引起公民及其代表们的赞同,他们支持大学因为他们为共同关心的问题作出贡献。

渗透式人文学科。在影响的时代,人文学科可以通过仅仅接受影响的机缘巧合模式——该模式长期以来服务于STEM学科——而描绘其未来。他们所要做的就是把对这个模式无意识的依赖转化为他们明确的影响的叙事。这种"渗透"模式是一种低成本的选择,因为它不要求开发替代知识生产和评价的学科模式。要了解这种策略可能是什么样子,我们可以审视哲学家提出的两种布什式的机缘巧合观点。

鲁道夫·卡尔纳普(Rudolph Carnap)指出:"哲学促使科学思维方式的改进,从而更好地理解自然界和社会中正在发生的一切,这种认识反过来又有助于改善人类生活。"(1963,pp.23-24)他在影响的前面添加了一层间接的先在图层:布什从科学开始,卡尔纳普从哲学开始。第一,发展哲学是正确的,哲学可以帮助我们发展更好的科学,科学又可以促进社会发展。影响的路径是:哲学→物理学→化学→生物学→医学→更大的社会幸福和健康。

在这个框架中,哲学不仅仅把自己建构在基础科学之上,还把自己置于基础科学之最基础的地位。正如艾伯特·鲍尔格曼(Albert Borgmann,1995,p.298)所言:

> 现代哲学事业……模仿且试图超越科学以及它们对社会改善做出的贡献。其主要理念是,参与生活中的日常烦恼在很大程度上是徒劳的。较之于减轻数以百计的脊髓灰质炎受害者的痛苦和握住他们的手,隐居于实验室中研发脊髓灰质炎接种疫苗对社会的贡献更大。

哲学家的扶手椅在逻辑上先于科学家的实验室。科学家在征服自然、拯救人类财产方面取得进步之前,哲学家必须先明确概念基础。这就要求从行动的争论中退回到思想王国。此处的"基础"——颇有些讽刺意味——思想的基础构成且决定行动的上层建筑以及处于其上面的事物。鲍尔格曼指出,渗透模式的前提是我们能够破解自然的原始语言,以及需要科学进步去解决诸如脊髓灰质炎这样的问题。当然,追求像镜子那样如实地反映自然永远不会成功:"探索何为实在和什么能被视为真实的绝对基础是一种误导,它把哲学从人类的对话中分离到了一个荒芜的专业领域。"(Borgmann,1995)哲学家们陷入了不可通约的现实的泥潭,因为他们的话语变成了天才之间争辩的术语。与此同时,没有哲学家从下面对科学的推动,科学进展得也很好。

但是,难道培根和笛卡尔没有通过建立现代科学的世界图式而提供必要的推动吗?信念、世界观乃至现代科学自身均来自某处。只有当人们以新的观念和实践观照自身时,观念和实践才会改变。只有当新的理由看起来令人信服时,新的政策才会被采纳。这种文化变迁的根源是什么?无论它是什么,它将是可想象的最重要的事物,因为它会规定思想与行动的形式与内容。贝尔德·克利考特(1999)指出这个根源就是哲学。以环境哲学为例,克利考特认为,从个人消费到公共政策等行为都决定于潜在的世界观,通过这种"背景知识之以太"(ambient intellectual ether),我们才理解我们的经验。反过来,世界观通过哲学的帮助而变得富有生机:

> 我们哲学家是助产士,协助生产新的文化概念和相关规范。我们这样做有助于改变我们文化的世界观和民族精神。因此,既然所有的人类行为都被实施,而且在思想的文化氛围中都找到了它们的含义和意义,那么我们推测环境哲学家必然都是环境保护者。

克利考特认为西方世界观的核心元素——比如个人权利、原子论、灵魂、多元主义和机械论——都根植于前苏格拉底哲学的哲学思维中。实际上,"影响"本身已成为一个哲学概念——与来回传递动能的粒子外部有关的机械主题的另一个变种。依克利考特所言,哲学家们"在我们不断变化的文化时代精神中表达其他尚未成熟的、尚未清晰的思想和感受"。那么,他们也许不是文化变迁的终极根源,但是他们把一场由不可名状推动力的不稳定运动训练成一种新世界秩序的概念图式,它反过来又去引导行为。例如,约翰·洛克将民主的愿望转变为公共生活的理论和实践。亚当·斯密阐述和论证了一个新兴的商业社会。

克利考特认为我们的现代世界观需要一种治疗方法。我们需要"一种新的整体性的、非人类中心的环境伦理"。哲学——曾以其创新的视野发现了人具有内在价值——在根除奴隶制上的贡献是独一无二的。而且哲学终将根除"非人类世界的混沌式毁灭",因为它将有助于一种认为自然界具有内在价值的新世界观的产生。这将产生最大规模的影响,它将通过一大批知识分子精英们在书籍期刊上铺天盖地的论著而产生,用克利考特的话说,就是:

> 我的观点是,环境哲学家们不应该觉得被迫停止关于环境伦理学的思考、讨论和写作,相反应该去做一些事情……在环境伦理学的思考、讨论和写作方面,环境哲学家们已经肩负起了责任,帮助重塑普遍性的文化世界观,从而助推环境责任方面的普遍实践。

考虑周全的好奇心

克利考特对影响的问题进行的反思是难能可贵的。但是,我们怀疑如果它被人文学者广泛采用,其政治命运就会像 STEM 学科中的机缘巧合故事一样。事实上,他的故事比布什的故事更难以接受。他让我们相信,当掀开文化这个巨大发电机的盖子时,我们发现引擎不过是轮子上的几只仓鼠而已。我们是否应该相信,哲学家们在键盘上敲击的指头就是引发遥远的新世界观风暴的那只蝴蝶轻灵的翅膀呢?此外,克利考特关于现代世界观起源的论点是建立在柏拉图和笛卡尔这样的思想家的基础之上的,这些思想家从事的是现代研究型大学之前的前学科模式的智力活动。在知识饱和的环境中工作的学科学者,真的还能获得同样的成功吗?

我们不是去推进以被动扩散为基础的影响的故事,而是提出了另一种模式,称之为"考虑周全的好奇心"(curiosity plus respicere)。这个术语的灵感来自于卡尔·米切姆(Carl Mitcham),他呼吁工程师表现出一种考虑周全的义务(duty plus respicere),一种"把更多的因素考虑进来的义务"(在拉丁语中,"respicere"意指"再看一遍";参见"respect",意指"以尊重或敬重对待")。米切姆(Mitcham 1994)认为工程师不仅有考虑其工作的狭窄的功能目标的义务,而且还有考虑潜在更广泛的社会、经济和环境副作用的义务。例如,不要仅仅认为石棉是一种绝缘体,还要警惕它是一种潜在影响健康的材料。这是呼吁扩大我们的道德想象力。通过在研究的上游和中游层面考虑更多的因素和价值,可以扩大可预期影响的范围。

我们想象中的模式是,仍然允许人文学者追随他们的好奇心,但需要以考虑更多因素的方式去这么做。他们会被要求去考虑他们想要影响的受众、他们想要引起的各种变化以及可能带来这些变化的机制或路径。这可以采取与英国研究委员会的"陈述影响路径"相似的形式,纳入研究人员的研究计划大纲中。请注意,这也需要培养一种新的学术自我意识,并具有一种更像企业家知识分子的新的美德,善于通过不同的媒介与不同的受众对话。这也会给机缘巧合模式带来重要变化。克利考特讲述了大卫·弗曼(Dave Foreman)的故事,他是激进的活动家组织"地球优先!"(Earth First!)的创始人,他曾把哲学对话贬斥为是"空谈"(cheap talk)。但弗曼后来把环境哲学列为影响积极分子和环保主义者的最重要的力量。对于克利考特来说,弗曼作为"思想到行动的转化者"起着至关重要的作用——把哲学家的思想变为新的政策。可以推测,其他不同类型的人(不只是活动家),包括律师、科学家、教师、政治家以及哲学家,都可以发挥这种作用。

机缘巧合模式的政治难题是,它把研究者和受众之间的关系全部交给了运气。它是被动扩散模式,因为研究者没有主动去做任何事情促使思想确定目标(targeting)或转移至思想转化者。在学科制度中,如此多的研究苦于长期无人阅读,抑或只有同行阅读,这种模式无法提供路径去阻止哲学思想的果实腐烂在藤上,只因为无人知道它的存在,也无人费心去采摘它。相比之下,考虑周全的好奇心模式会使研究者积极寻找确定感兴趣的"转化者",并用他的工作去影响转化者。实施方案将是他们研究的一个内在组成部分,并提出制度性和运筹性方面的问题,该问题关注的是面向关键受众的思想的实践。它不仅仅是:我如何表达一个非人类中心的世界观?相反,它是:我如何以一种能被既定受众执行和实现的方式去表达一个非人类中心的世界观?考虑周全的好奇心模式给研究增加了一个跨学科维度,因为预期的受众超出了学科同行的范围。在一种薄弱的版本(thin version)中,这可能意味着一种营销策划,一旦出版物出版就提请对其进行同行评议。但在一种较强、较丰富的版本中,扩大的受众基础会充分改变研究的行为——改变严谨性、语言和媒体使用的标准。

这一点可被看作是潜藏在克利考特自己的机缘巧合版本之中,这使得它不同于布什的以学科为基础的版本。克利考特把哲学界定为包括"自然科学和社会科学理论,还有历史和人文科学理论,一般而言,不仅仅是指今天狭义的专业职业哲学家所从事的哲学"。根据这一定义,奥尔多·利奥波德(Aldo Leopold)、阿尔伯特·爱因斯坦和蕾切尔·卡逊(Rachel Carson)都是哲学家。该术语的这种拓展形成了完全不同的结果。例如,利奥波德和卡逊找到了在非学科语境中进行哲学研究的路径。这不仅是因为他们在政府部门工作。《沙乡年鉴》和《寂静的春天》都是写给那些非专业学术同行的。换言之,它们都不是依赖他人从同行评议的知识仓库中提取出晦涩的专业术语,继而将其翻译给市民和政策制定者。它们的影响的途径更直接、更容易理解。

与布什不同,克利考特的主要兴趣不是通过学科自治为科学的自主性提供辩护。相反,他的兴趣在于提出这样一个论点:"我们的所做取决于我们的所想。"这使得思想和行为之间的特殊的依赖关系变得完全开放。学科研究可能会渗透到行为,但这绝对不是做哲学并使之产生影响的唯一路径。你也可以想出一个观点把它写进小说里、制作成短片、写成一份政策白皮书、放进社区对话中,或者变成公民非暴力反抗行为等。这种研究活动的多样性对考虑周全的好奇心是必不可少的——思想不只是要思考什么观点,还要思考如何表达观点、向谁表达。实际上,我们认为在影响的时代哲学和人文学科得以生存和繁荣的关键,一般而言就在于其多元化。并非每个人都必须从事非学科的研究活动,但一定数量的人文学者这样做,将有助于在日益严格的审查时代为每个人提供群体免疫力。总之,是时候打破知识生产学科模式的根本垄断了。

结　　论

在城市规划中,"完整街道"(complete street)这个术语指的是街道的设计要适合机动车辆,还要适合骑自行车的人和行人。在那里,骑自行车的人和行人不再局限在边缘,也不再按机动车的结构需要而被迫行动。它们有人行横道、人行道和自行车车道。汽车仍然可以使用完整街道,只是其他方式根据自身的特点也被平等认可,而且成为合法的参与者。类似地,"完整哲学"或人文学科也仍包括学科模式的学术研究。有些人可能会花所有时间去研究它,有些人可能在最低程度上对其进行研究,或者根本就不研究。但关键是研究的非学科模式将会因"货真价实"而获得认可。我们设想一个更加平衡的学术人文世界,每个系所自觉确立一定比例的学科和非学科研究作为它们的内在部分。这将使其有机会讲述更可靠、更多样化的关于它们影响路径的故事。

本着多元主义的精神,再考量下鲍尔格曼关于握住患者的手和发明治病方法的区别的论述。这不仅仅是一种错误的非此即彼,似乎二者不可兼得,而是还有其他的角色要去扮演。例如,有些人必须收集关于疾病的数据,有些人必须去测试、管理和监控治疗。也就是说,在临床和其他社会空间都有智力活动要去做——在媒体资源(in media res)中和在微观、中观尺度上,基本的发现难以形成特定的形状,而细节信息则构成了基本原理方面的思想。这就是为什么 NIH 投入如此大量的资源进行转化研究或从科研到临床应用研究的原因。

路易·巴斯德(Louis Pasteur)模糊了实验室与世界之间的边界。他的实验一半在有人和动物存在的户外进行,一半在有仪器的房间里进行。他的实验室穿梭于知识与行动间的多重维度和动态关系之中。鉴于此,唐纳德·斯托克斯(Donald Stokes 1997)把机缘巧合的单维、线性模式拓展为研究类型象限;巴斯德的象限被归类为"应用驱动型基础研究"(use-inspired basic research)。影响的制度为哲学提供了去创建它自己的巴斯德象限的机会。随着在这一新的问责制中繁荣发展,文化将需要把人文学科中类似应用驱动型基础研究的东西制度化。"基础"要素可以在我们追随好奇心时仍然存在,但它需要在受好奇心驱使的同时考虑得更加周全。总之,人文学者不仅需要讨论关于终极意义的事情,当终极意义受特定事件推动时,他们也需要去与所涉及的人去讨论。促生一种全新的世界观(更不用提帮助人们理解他们的生活)可以发生在长椅和床边——或者更确切地说,发生在扶手椅和争论中。

参考文献

Akers, Beth, andChingos, Matthew M. 2014. "Is a Student Loan Crisis on the Horizon?" Brookings Institution. http://www.brookings.edu/~/media/research/files/reports/2014/06/24-student-loan-crisis-akers-chingos/is-a-student-loan-crisis-onthe-horizon.pdf.

Alcoff, Linda Martín. 2002. "Does the Public Intellectual Have Intellectual Integrity?" *Metaphilosophy*, vol. 33, no. 5, pp. 521-34.

Alexander, Shana. 1962. "They Decide Who Lives, Who Dies." *Life*, November 9, pp.102-25.

Allan, Nicole, and Thompson, Derek. 2013. "The Myth of the Student-Loan Crisis." *The Atlantic*, March 2013, at http://www.theatlantic.com/magazine/archive/2013/03/myth-student-loan-crisis/309231/.

Andre, Judith. 2002. *Bioethics as Practice*. Chapel Hill, NC: The University of North Carolina Press.

Annas, George. 1993. *Standard of Care: The Law of American Bioethics*. New York: Oxford University Press.

American Philosophical Association. 1977. "Special Report: Sketches-From Non-Academia: A Report of the APA Subcommittee on Non-Academic Careers for Philosophers." *Metaphilosophy*, vol. 8, no. 2-3, pp. 232-34.

Archard, David. 2009. "Applying Philosophy: A Response to O'Neill." *Journal of Applied Philosophy*, vol. 26, no. 3, pp. 239-44.

Archard, David, and SusanMendus. 2009. "Introduction." *Journal of Applied Philosophy*, vol. 26, no. 3, pp. 217-18.

Aristotle. 1999. *Nicomachean Ethics*. Martin Ostwald, trans. Upper Saddle River, NJ: Prentice Hall.

Arnold, Matthew. 1869/2009. *Culture and Anarchy*. Oxford: Oxford University Press.

Arvan, Marcus. 2015. "Comment to 'Readers Identify the Most Important Issues in the Profession'." *Leiter Reports* Blog.

Baker, Robert. 2007. "A History of Codes of Ethics forBioethicists." In Eckenwiler, Lisa A., and Felicia Cohn, eds. *The Ethics of Bioethics: Mapping the Moral Landscape*. Baltimore, MD: The Johns Hopkins University Press.

Baron, Jonathan. 2006. *Against Bioethics*. Cambridge, MA: MIT Press.

Bauerlein, Mark. 2011. *The Digital Divide: Arguments for and Against Facebook, Google, Texting, and the Age of Social Networking*. New York: Penguin.

Bauerlein, Mark, et al. 2010. "We Must Stop the Avalanche of Low-Quality Research." *Chronicle of Higher Education*, 13 June 2010.

Beauchamp, Tom, and James Childress. 1979. *Principles of Biomedical Ethics*, 1st ed. New York: Oxford University Press.

Beecher, Henry. 1966. "Ethics and Clinical Research." *New England Journal of Medicine*, vol. 274, pp. 1354-60.

Benneworth, Paul. 2015. "Putting Impact into Context: The Janus Face of the Public Value of Arts and Humanities Research." *Arts & Humanities in Higher Education*, vol. 14, no. 1, pp. 3-8.

Berlinger, Nancy. 2004. "Field Notes: From 'Idea' to 'Impact'." *Hastings Center Report*, vol. 34, no. 4.

Bérubé, Michael, and Jennifer Ruth. 2015. "The Humanities, Higher Education, and Academic Freedom: Three Necessary Arguments." *Times Higher Education*, April 9.

Biswas, Asit K., and Julian Kirchherr. 2015. "Prof, No One is Reading You." *The Straits Times*, April 11.

Boardman, Craig. 2014. "The New Visible Hand: Understanding Today's R&D Management." *Issues in Science and Technology*, vol. 2, pp. 23-26.

Bordogna, Francesca. 2008. *William James at the Boundaries*. Chicago: University of Chicago Press.

Borgmann, Albert. 1995. "Does Philosophy Matter?" *Technology in Society*, vol. 17, no.3, pp. 295-309.

Bowie, Norman. 1982. "Applied Philosophy–Its Meaning and Justification." *International Journal of Applied Philosophy*, vol. 1, no. 1, pp. 1-18.

Breck, John, and Lyn Breck. 2005. *Stages on Life's Way: Orthodox Thinking on Bioethics*. Crestwood, NY: St. Vladimir's Seminary Press.

Briggle, Adam. 2005. "Visions of Nantucket." *Environmental Philosophy*, vol. 2, no. 1, pp. 54-67.

Briggle, Adam. 2010. *A Rich Bioethics: Public Policy, Biotechnology, and the Kass Council*. Notre Dame, IN: University of Notre Dame Press.

Briggle, Adam. 2014. "Openingthe Black Box: The Social Outcomes of Scientific Research." *Social Epistemology*, vol. 28, no. 2, pp. 153-66.

Briggle, Adam. 2015. *A Field Philosopher's Guide to Fracking*. New York: Liveright.

Briggle, Adam, and Robert Frodeman. 2011. "Creating a 21st

Century Philosophy." *The Chronicle Review*, December 18.

Briggle, Adam, Robert Frodeman, and Kelli Barr. 2015. "Achieving Escape Velocity: Breaking Free from the Impact Failure of Applied Philosophy." London School of Economics, *Impact of Social Sciences Blog*, April 27.

Brister, Evelyn. 2016. "Disciplinary Capture and Epistemological Obstacles to Interdisciplinary Research: Lessons from Central African Conservation Disputes." *Studies in History and Philosophy of Biological and Biomedical Sciences*.

Brooks, David. 2013. "The Humanist Vocation." *New York Times*, June 20.

Bruner, Michael, and Max Oelschlager. 1994. "Rhetoric, Environmentalism, and Environmental Ethics." *Environmental Ethics*, vol. 16, no. 4, pp. 377-96.

Bush, Vannevar. 1945. "Science-the EndlessFrontier." Washington, DC: US Government Printing Office.

Callahan, Daniel. 1973. "Bioethics as a Discipline." *Hastings Center Studies*, vol. 1, pp.66-73.

Callahan, Daniel. 1998. *False Hopes: Why America's Quest for Perfect Health is a Recipe for Failure*. New York: Simon and Schuster.

Callahan, Daniel. 2003. "Individual Good and Common Good: A Communitarian Approach to Bioethics." *Perspectives in Biology and Medicine*, vol. 46, no. 4, pp. 496-507.

Callahan, Daniel. 2004. "Bioethics." In *The Encyclopedia of Bioethics*, 3rd ed., edited by Stephen Post, pp. 278-87. New York: Macmillan.

Callahan, Daniel. 2005. "Bioethics and the Culture Wars." *Cambridge Quarterly of Healthcare Ethics*, vol. 14, no. 4, pp. 424-31.

Callicott, Baird. 1999. "EnvironmentalPhilosophy Is Environmental

Activism: The Most Radical and Effective Kind." In *Beyond the Land Ethic: More Essays in Environmental Philosophy*, pp. 27-44. Albany, NY: State University of New York Press.

Carey, Kevin, 2015. "Student Debt is Worse Than You Think." *New York Times*, October 7.

Carnap, Rudolph. 1963. *The Philosophy of Rudolf Carnap*. P. A. Schilp, ed. La Salle, IL: Open Court.

Carson, Andrew. 2013. "Graduate School Philosophy Placement Records in the US and CA: Will I Get a Job?" *Philosophy News*, October.

Carson, Rachel. 1963. *Silent Spring*. Boston, MA: Houghton Mifflin.

Casey, Michael, and Robert Hackett. 2014. "The 10 Biggest R&D Spenders Worldwide." *Fortune*, November 17.

Chambers, Tod. 1999. *The Fiction of Bioethics: Cases as Literary Texts*. New York: Routledge.

Charo, R. Alta. 2004. "Passing on the Right: Conservative Bioethics is Closer than it Appears." *Journal of Law, Medicine, and Ethics*, vol. 32, no. 2, pp. 307-14.

Childress, James. 1970. "Who Shall Live When Not All Can Live?" *Soundings*, vol. 53, no. 4, pp. 339-55.

Clement, Grace. 1996. *Care, Autonomy, and Justice: Feminism and the Ethic of Care*. Boulder, CO: Westview Press.

Colberg, Magda. 1986. "The Application of Logic to Psychometrics." *International Journal of Applied Philosophy*, vol. 3. no. 1, pp. 59-64.

Collins, H. M. and R. J. Evans. 2002. "The Third Wave of Science Studies: Studies of Expertise and Experience." *Social Studies of Sciences*, vol. 32, no. 2, pp. 235-96.

Collins, Randall, 1998. *The Sociology of Philosophies: A Global Theory of Intellectual Change*. Cambridge, MA: Harvard University Press.

Cooper, Mark G. and John Marx. 2014. "Crisis, Crisis, Crisis: Big Media and the Humanities Workforce." *Differences: A Journal of Feminist Cultural Studies*, vol. 24, no. 3, pp. 127-59.

Crow, Michael M., and William B. Dabar. 2015. *Designing the New American University*. Baltimore, MD: Johns Hopkins University Press.

Darwin, Charles. 1959. *The Origin of Species*. New York: Bantam Classics.

deGrasse Tyson, Neil. 2014. "Neil deGrasse Tyson Returns Again." *Nerdist Podcast*, March 7. http://nerdist.com/nerdist-podcast-neil-degrasse-tyson-returns-again/.

Delbanco, Andrew. 2015. "Our Universities: The Outrageous Reality." *New York Review of Books*, July 9.

Deleuze, Gilles, and Felix Guattari. 1980/1987. *A Thousand Plateaus: Capitalism and Schizophrenia*. Minneapolis, MN: University of Minnesota Press.

Deresiewicz, William. 2015. *Excellent Sheep: The Miseducation of the American Elite and the Way to a Meaningful Life*. New York: Free Press.

Dewey, John. 1917. "The Need for a Recovery of Philosophy." In *Creative Intelligence: Essays in the Pragmatic Attitude*, pp. 3-69. New York: Henry Holt.

Dolhenty, Jonathan. 2008. "What do We Mean by Applied Philosophy?" *The Moral Liberal*. http://www.themoralliberal.com/2014/12/06/what-do-we-mean-byapplied-philosophy/.

Donoghue, Frank. 2008. *The Last Professors: The Corporate University and the Fate of the Humanities*. Bronx, NY: Fordham University Press.

Dorfman, Jeffrey. 2014. "Surprise: Humanities Degrees Provide Great Return on Investment." *Forbes*, November 20.

Douglas, Heather. 2016. "A History of the PSA Before 1970." *Philosophy of Science Association website. Available at: http://www.philsci.org/about-the-psa/history-of-the-association.

Dyson, Freeman. 2012. "What Can You Really Know?" *New York Review of Books*, November 8.

Dzur, Albert, and Daniel Levin. 2004. "The 'Nation's Conscience:' Assessing Bioethics Commissions as Public Forums." *The Kennedy Institute of Ethics Journal*, vol. 14, no. 4, pp. 333–60.

Eckenwiler, Lisa A., and Felicia Cohn, eds. 2007. *The Ethics of Bioethics: Mapping the Moral Landscape*. Baltimore, MD: The Johns Hopkins University Press.

Engelhardt, Tristram Jr. 1996. *The Foundations of Bioethics*, 2nd ed. New York: Oxford University Press.

Evans, John. 2011. *The History and Future of Bioethics: A Sociological View*. New York: Oxford University Press.

Fehr, Carla, and Kathryn S. Plaisance. 2010. "Socially Relevant Philosophy of Science: An Introduction." *Synthese*, vol. 177, no. 3, pp. 301–16.

Fish, Stanley. 2008. "Will the Humanities Save Us?" *The New York Times*, January 6, 2008.

Fisher, Erik, and R. L. Mahajan. 2006. "Midstream Modulation of Nanotechnology Research in an Academic Laboratory." *American Society of Mechanical Engineers International Mechanical Engineering Congress and Exposition*, Chicago.

Fleetwood, Janet. 1987. "Medical Ethics in the Clinical Setting: Challenging the M.D. Monopoly." *International Journal of Applied Philosophy*, vol. 3, no. 4, pp. 61–68.

Fletcher, John C., and Miller, Franklin G. 1996. The Promise and Perils of Public Bioethics. *The Ethics of Research Involving Human Subjects*, ed. Harold Y. Vanderpool, pp. 155-84. Frederick, MD: University Publishing Group.

Frodeman, Robert. 1995. "Geological Reasoning: Geology as an Interpretive and Historical Science." *Geological Society of America Bulletin*, vol. 107, no. 8, pp. 960-68.

Frodeman, Robert. 2006. "The Policy Turn in Environmental Philosophy." *Environmental Ethics*, vol. 28, no. 1, pp. 3-20.

Frodeman, Robert. 2007a. "The Role of Humanities Policy in Public Science." In *Public Science in Liberal Democracies*, pp. 111-20. Toronto, CA: University of Toronto Press.

Frodeman, Robert. 2007b. "The Future of Environmental Philosophy." *Ethics & the Environment*, vol. 12, no. 2: 120-22.

Frodeman, Robert. 2008. "Philosophy Unbound: Environmental Thinking at the End of the Earth." *Environmental Ethics*, vol. 30, no. 3, pp. 47-61.

Frodeman, Robert. 2009. "Intellectual Merit and Broader Impact: The National Science Foundation's Broader Impacts Criterion and the Question of Peer Review." *Social Epistemology*, vol. 23, no. 3-4, pp. 337-45.

Frodeman, Robert. 2012. "Philosophy Dedisciplined." *Synthese*, vol. 190, no. 11, pp.1917-36.

Frodeman, Robert. 2013. *Sustainable Knowledge: A Theory of Interdisciplinarity*. Basingstoke: MacMillan/Palgrave Press.

Frodeman, Robert, and Carl Mitcham. 2004. "New Directions in the Philosophy of Science: Toward a Philosophy of Science Policy." *Philosophy Today*, vol. 48, no. 5, pp. 3-15.

Frodeman, Robert, and Adam Briggle. 2012. "The Dedisciplining of Peer Review." *Minerva*, vol. 5, no. 1, pp. 3-19.

Fuller, Steve, and VeronicaLipinska. 2014. *The Proactionary Impera-*

tive: A Foundation for Transhumanism. London: Palgrave MacMillan.

Fuller, Steve. 2011. Humanity 2.0. London: Palgrave Macmillan.

Fullinwider, Robert K. 1989. "Against Theory, Or: Applied Philosophy-A Cautionary Tale." *Metaphilosophy*, vol. 20, no. 3-4, pp. 222-34.

GAO. 2014. "Higher Education State Funding Trends and Policies on Affordability." *US Government Accountability Office*, GAO-15-151, December.

Gardiner, Stephen. 2007. "Environmental Midwifery and the Need for an Ethics of the Transition: A Quick Riff on the Future of Environmental Ethics." *Ethics & the Environment*, vol. 12, no. 2, pp. 122-23.

Gibbons, M., C. Limoges, H. Nowotny, S. Schwartzman, P. Scott, and M. Trow. 1994. *The New Production of Knowledge: The Dynamics of Science and Research in Contemporary Societies*. London: Sage.

Girill, T. R. 1984. "Philosophy's Relevance to Technical Writing." *International Journal of Applied Philosophy*, vol. 2, no. 2, pp. 89-95.

Goldstein, Rebecca. 2014. *Plato at the Googleplex: Why Philosophy Won't Go Away*. New York: Pantheon.

Graff, Gerald. 2007. *Professing Literature: An Institutional History*. Chicago: University of Chicago Press.

Grafton, Anthony. 2009. "A Sketch Map of a Lost Continent: The Republic of Letters." *Republics of Letters: A Journal for the Study of Knowledge, Politics, and the Arts*, vol. 1, no. 1, pp. 1-18.

Guston, David. 2000. *Between Politics and Science: Assuring the Integrity and Productivity of Research*. Cambridge: Cambridge University Press.

Hale, Ben. 2011. "The Methods of Applied Philosophy and the Tools of the Policy Sciences." *International Journal of Applied Philosophy*, vol. 25, no. 2, pp. 215-32.

Harden, Nathan. 2012. "The End of the University as We Know It." *The American Interest*, vol. 8, no. 3.

Hargrove, Eugene. 1979. "The State of the Journal." *Environmental Ethics*, vol. 1, no. 1, pp. 291–92.

Hargrove, Eugene. 1989. "The Future is Now." *Environmental Ethics*, vol. 11, no. 4, pp.291–92.

Hargrove, Eugene. 1998. "After Twenty Years." *Environmental Ethics*, vol. 20, no. 4, pp. 339–40.

Hargrove, Eugene. 2000. "The Next Century and Beyond." *Environmental Ethics*, vol.22, no. 1, p. 3.

Hargrove, Eugene. 2003. "What's Wrong? Who's to Blame?" *Environmental Ethics*, vol. 25, no. 1, pp. 3–4.

Hargrove, Eugene. 2012. "Biology, Environmental Ethics, and Policy." *Environmental Ethics*, vol. 34, no. 1, pp. 3–4.

Harpham, Geoffrey G. 2011a.*The Humanities and the Dream of America*. Chicago: University of Chicago Press.

Harpham, Geoffrey G. 2011b."Why We Need the 16,772nd Book on Shakespeare." *Qui Parle*, vol. 20, no. 1, pp. 109–16.

Hawking, Steven, and LeonardMlodinow. 2010. *The Grand Design*. New York: Bantam Books.

Heidegger, Martin. 1993. "The End of Philosophy and the Task of Thinking." In *Basic Writings*, 2nd ed., edited by David Farrell Krell, pp. 427–49. New York: HarperCollins.

Hicks, Diana, PaulWouters, Ludo Waltman, Sarah de Rijcke, and Ismael Rafols. 2015. "Bibliometrics: The Leiden Manifesto for Research Metrics." *Nature*, vol. 520, no. 7548, pp. 429–31.

Hoeller, Keith. 2014. "The Wal-Mart-ization of Higher Education: How Young Professors are Getting Screwed." *Salon*, February 16.

Holbrook, J. Britt, ed. 2009. "Special Issue: US National Science Foundation's Broader Impacts Criterion." *Social Epistemology*, vol. 23, no. 3-4, pp. 177-405.

Illich, Ivan. 1973. *Tools for Conviviality*. London: Marion Boyars.

Jacoby, Russell. 2000. *The Last Intellectuals American Culture in the Age of Academe*.New York: Basic Books.

Jasanoff, Sheila. 2010. "A Field of its Own: The Emergence of Science and Technology Studies."In *Oxford Handbook of Interdisciplinarity*, edited by Robert Frodeman, Julie-Thompson Klein, and Carl Mitcham, pp. 191-205. Oxford: Oxford University Press.

Jaspers, Karl. 1963. *The Atom Bomb and the Future of Man*. Chicago: University of Chicago Press.

Johnston, Josephine. 2008. "Field Notes: Talking Points." *Hastings Center Report*, vol.38, no. 3.

Jonsen, Albert. 1998. *The Birth of Bioethics*. New York: Oxford University Press.

Joy, Bill. 2000. "Why the Future Does Not Need Us." *Wired Magazine*, April.

Juengst, EricT. 1996. "Self-Critical Federal Science? The Ethics Experiment Within the U.S. Human Genome Project." *Social Philosophy and Policy*, vol. 13, no. 2, pp. 63-95.

Kagan, Connie. 1985. "Philosophyand Animal Protection Legislation: A Personal Account." *International Journal of Applied Philosophy*, vol. 2, no. 4, pp. 95-99.

Kasachkoff, Tziporah. 1992. "Some Complaints About and Some Defenses of Applied Philosophy." *International Journal of Applied Philosophy*, vol. 7, no. 1, pp. 5-9.

Kass, Leon. 2002. *Life, Liberty and the Defense of Dignity*. San Francisco: Encounter Books.

Katz, Eric, and Lauren Oechsli. 1993. "Moving beyond Anthropocentrism: Environmental Ethics, Development, and the Amazon." *Environmental Ethics*, vol. 15, no. 1, pp. 49–59.

Katzner, Louis. 1982. "Applied Philosophy and the Role of the Philosopher." *International Journal of Applied Philosophy*, vol. 1, no. 2, pp. 31–39.

Kelbessa, Workineh. 2004. "Can African Environmental Ethics Contribute to Environmental Policy in Africa?" *Environmental Ethics*, vol. 36, no. 1, pp. 31–61.

Kiley, Kevin. 2013. "Another Liberal Arts Critic." *Inside Higher Ed*, January 30.

Kitcher, Philip. 2011. "Philosophy Inside Out." *Metaphilosophy*, vol. 42, no. 3, pp. 248–60.

Knobe, Joshua, and Shaun Nichols, eds. 2008. *Experimental Philosophy*. Oxford: Oxford University Press.

Kon, A. A. 2009. "The Role of Empirical Research in Bioethics." *American Journal of Bioethics*, vol. 9, nos. 6–7, pp. 59–65.

Kuklick, Bruce. 1978. *The Rise of American Philosophy*. New Haven, CT: Yale University Press.

Kuklick, Bruce. 2001. *A History of Philosophy in America, 1720–2000*. Oxford: Oxford University Press.

Lam, Bourree. 2015. "The Earning Power of Philosophy Majors." *The Atlantic*, September 3. http://www.theatlantic.com/notes/2015/09/philosophy-majors-outearn-other-humanities/403555/.

Latour, Bruno. 1993. *We Have Never Been Modern*. Cambridge, MA: Harvard University Press.

Leiter, Brian, ed. 2007. *The Future for Philosophy*. Oxford: Oxford University Press.

Leiter, Brian. 2010. "What is the NY Times Thinking?" *Leiter Reports: A Philosophy Blog*, May 16. http://leiterreports.typepad.com/blog/2010/05/what-is-the-ny-timesthinking.html.

Leopold, Aldo. 1949. *A Sand County Almanac*. Oxford: Oxford University Press.

Levine, Carol. 2007. "Analyzing Pandora's Box: The History of Bioethics." In Eckenwiler, Lisa A., and Felicia Cohn, eds. *The Ethics of Bioethics: Mapping the Moral Landscape*. Baltimore, MD: The Johns Hopkins University Press.

Light, Andrew, and Eric Katz. 1996. *Environmental Pragmatism*. New York: Routledge.

Loncar, Samuel. 2016. "Why Listen to Philosophers?" *Metaphilosophy*, vol. 16, no. 1, pp. 3–25.

Loux, Michael J., and Dean W. Zimmerman. 2003. *The Oxford Handbook of Metaphysics*. Oxford: Oxford University Press.

MacIntyre, Alasdair. 1984. *After Virtue*, 2nd ed. Notre Dame: University of Notre Dame Press.

Mandler, Peter. 2015. "Rise of theHumanities."Aeon, December 17. https://aeon.co/essays/the-humanities-are-booming-only-the-professors-can-t-see-it.

Manes, Christopher. 1988. "Philosophy and the Environmental Task." *Environmental Ethics*, vol. 10, no. 1, pp. 75–82.

Mathis-Lilley, Ben. 2015. "Frank Gifford Had CTE, his Family Says, as Doctors Call for End of High School Football." *Slate*, November 25.

McCumber, John. 2001. *Time in the Ditch: American Philosophy and the McCarthy Era*. Evanston, IL: Northwestern University Press.

McMahan, Jeff. 2009. "Five Questions about NormativeEthics." In T.

S. Petersen and J. Ryberg, eds. *Normative Ethics: 5 Questions*. New York: Automatic Press.

Meagher, Sharon. 2013. "Public Philosophy: Revitalizing Philosophy as a CivicDiscipline." Report to the Kettering Foundation, January 13.

Meagher, Sharon, and Ellen K. Feder. 2010. "The Troubled History of Philosophy and Deliberative Democracy." *Journal of Public Deliberation*, vol. 6, no. 1, article 6.

Minteer, Ben A. 2007. "The Future of Environmental Philosophy." *Ethics & the Environment*, vol. 12, no. 2, pp. 132–33.

Mitcham, Carl. 1994. "Engineering Design Research and Social Responsibility." In Kristin Shrader-Frechette, ed. *Ethics of Scientific Research*, pp. 153–55. Lanham, MD: Rowman and Littlefield.

MLA. 2014. *Report of the Task Force on Doctoral Study in Modern Language and Literature*. Accessed 20 October 2015 at: https://www.mla.org/report_doctoral_study_2014.

Moreno, Jonathan. 2005. "The End of the Great Bioethics Compromise." *Hastings Center Report*, vol. 35, no. 1, pp. 14–15.

Moreno, Jonathan D. 2010. *Progress in Bioethics: Science, Policy, and Politics*. Cambridge, MA: MIT Press.

Morrison, Donald R., ed. 2011. *The Cambridge Companion to Socrates*. Cambridge: Cambridge University Press.

National Bioethics Advisory Commission. 1997. *Cloning Human Beings*. Bethesda, MD: U.S. Government Printing Office.

National Commission for the Protection of Human Subjects of Biomedical and Behavioral Research. 1979. *The Belmont Report: Ethical Principles and Guidelines for the Protection of Human Subjects of Research*. Bethesda, MD: The Commission.

Newfield, Christopher. 2011. *Unmaking the Public University: The*

Forty-Year Assault on the Middle Class. Cambridge, MA: Harvard University Press.

Nietzsche, Friedrich. 1886/1989. *Beyond Good and Evil*. Walter Kaufman, trans. New York: Vintage.

Norton, Bryan G. 1994. *Toward Unity among Environmentalists*. Oxford: Oxford University Press.

Norton, Brian. 2007. "The Past and Future of Environmental Philosophy."*Ethics & the Environment*, vol. 12, no. 2, pp. 134-36.

Nussbaum, Martha. 2010. *Not for Profit: Why Democracy Needs the Humanities.*Princeton, NJ: Princeton University Press.

O'Malley, Maureen, Jane Calvert, and John Dupré. 2007. "The Study ofSocioethical Issues in Systems Biology." *American Journal of Bioethics*, vol. 7,no. 4, pp. 67-78.

O'Neill, Onora. 2009. "Applied Ethics: Naturalism, Normativity and Public Policy."*Journal of Applied Philosophy*, vol. 26, no. 3, pp. 219-30.

O'Rourke, Michael, and Steve Crowley. 2012. "Philosophical Intervention and Cross-disciplinary Science: The Story of the Toolbox Project." *Synthese*, vol. 190, no. 11, pp. 1937-54.

Passmore, John. 1974. *Man's Responsibility for Nature: Ecological Problems and Western Traditions*. New York: Charles Scribner's Sons.

Pedersen, Arthur Paul. 2012. "Two Reasons for Abolishing the PGR."*Choice and Inference*, February 11. Accessed February 11, 2016, at: http://choiceandinference. com/2012/04/24/two-reasons-for-abolishing-the-pgr/.

Pellegrino, Edmund D. 2006. "Toward a Reconstruction of Medical Morality."*American Journal of Bioethics*, vol. 6, no. 2, pp. 65-71.

Pielke, Jr., Roger A. and Radford Byerly, Jr. 1998. "Beyond Basic and Applied."*Physics Today*, vol. 51, no. 2, pp. 42-46.

Polanyi, Michael. 1962. "The Republic of Science." *Minerva*, vol. 1, no. 1, pp. 54–74.

Potter, V. R. 1970. "Bioethics: The Science of Survival." *Perspectives in Biology and Medicine*, vol. 14, pp. 127–53.

Potter, VanRenesselar. 1971. *Bioethics: Bridge to the Future*. Englewood Cliffs, NJ: Prentice-Hall.

Priestley, Joseph. 1775. *The History and Present State of Electricity* (2 vols.), 3rd ed. London.

Puka, Bill. 1986. "Applied Philosophy–Taking a Stand." *International Journal of Applied Philosophy*, vol. 3, no. 1, pp. 69–84.

Pulizzi, James. 2014. "In the Near Future, Only Very Wealthy Colleges Will Have English Departments." *The New Republic*, June 8. Accessed February 7, 2016, at: https://newrepublic.com/article/118025/advent-digital-humanities-willmake-english-departments-pointless.

Quine, Willard V. O. 1981. *Theories and Things*. Cambridge, MA: Belknap Press of Harvard University Press.

Ramsey, Paul. 1976. "Prolonged Dying: Not Medically Indicated." *Hastings Center Report*, vol. 6, no. 1, pp. 14–17.

Reisch, George A. 2005. *How the Cold War Transformed Philosophy of Science*. Cambridge: Cambridge University Press.

Rinella, Michael A. 2011. *Pharmakon: Plato, Drug Culture, and Identity in Ancient Athens*. Lanham, MD: Lexington Books.

Robert, Jason S. 2007. "Systems Bioethics." *American Journal of Bioethics*, vol. 7, no. 4, pp. 80–82.

Romano, Carlin. 2012. *America the Philosophical*. New York: Vintage.

Rorty, Richard. 1979. *Philosophy and the Mirror of Nature*. Princeton, NJ: Princeton University Press.

Sarewitz, Dan. 1996. *Frontiers of Illusion*. Philadelphia, PA: Temple

University Press.

Sathian, Sanjena. 2016. "The 21st Century Philosophers." *OZY*, January 4.

Schmidt, Ben 2013. "A Crisis in the Humanities?" *Chronicle of Higher Education*, June 10, 2013.

SciSIP, 2015. SciSIP Call for Proposals. *National Science Foundation*. http://www.nsf.gov/funding/pgm_summ.jsp? pims_id=501084.

Shapin, Steven. 2008. *The Scientific Life: A Moral History of a Late Modern Vocation*.Chicago: University of Chicago Press.

Shattuck, Roger. 1997. *Forbidden Knowledge: From Prometheus to Pornography*.New York: St. Martin's Press.

Sheehan, Mark, and Michael Dunn. 2012. "On the Nature and Sociology of Bioethics."*Health Care Analysis*, vol. 21, pp. 54-69.

Sinclair, Upton. 1923. *The Goose-Step: A Study of American Education*. Available online at a number of locations.

Small, Helen. 2013. *The Value of the Humanities*. Oxford: Oxford University Press.

Smith, Adam. 1776/2003. *The Wealth of Nations*. New York: Bantam Classics.

Snowden, Fraser. 1982. "Bringing Philosophy into the Hospital: Notes of a Philosopher-in-Residence." *International Journal of Applied Philosophy*, vol. 1, no. 3, pp. 67-81.

Soames, Scott. 2005. "How Many Grains Make a Heap?"*London Review of Books*, Letters, vol. 27, no. 5, March 3.

Stanley, Jason. 2010. "The Crisis of Philosophy." *Inside Higher Education*, April 5.

Stevenson, Leslie. 1970. "Applied Philosophy." *Metaphilosophy*, vol. 1, no. 3, pp. 258-67.

Stokes, Donald. 1997. *Pasteur's Quadrant: Basic Science and Technological Innovation*. Washington, DC: Brookings Institution Press.

Strauss, Leo. 1952. *Persecution and the Art of Writing*. New York: The Free Press.

Strauss, Leo. 1958. *Natural Right and History*. Chicago: University of Chicago Press.

Taylor, Devin, and Adam Briggle. 2015. "Time to Ride Wave of Renewable Energy." *Denton Record Chronicle*, November 14. http://www.dentonrc.com/opinion/ columns - headlines/20151114 - time - to - ride - wave-of-renewable-energy.ece.

Thompson, Paul B. 2010. *The Agrarian Vision: Sustainability and Environmental Ethics*. Lexington, KY: University Press of Kentucky.

Thompson, Rebecca. 1990. "A Refutation of Environmental Ethics." *Environmental Ethics*, vol. 12, no. 2, pp. 147-60.

Thurgood, L., M. J. Golladay, and S. T. Hill. 2006. *U.S. Doctorates in the 20th Century: Special Report*. National Science Foundation.

Torgerson, Jon N. 1977. "The Philosopher-in-Residence: An Approach to Teaching Philosophy." *Metaphilosophy*, vol. 8, no. 2-3, pp. 215-21.

Toulmin, Stephen. 1982. "How Medicine Saved the Life of Ethics." *Perspectives in Biology and Medicine*, vol. 2, no. 4, pp. 736-50.

Turner, Leigh. 2009. "Does Bioethics Exist?" *Journal of Medical Ethics*, vol. 35, pp.778-80. doi:10. 1136/jme.2008. 028605.

Unger, Peter. 2014. *Empty Ideas: A Critique of Analytic Philosophy*. Oxford: Oxford University Press.

United States Office of Technology Assessment. 1993. *Biomedical Ethics in U.S. Public Policy*. OTA-PB-BBS-105. Washington, DC: U.S. Government Printing Office.

Weiss, Mitchell. 2015. "The Way We Look at Student Loan Debt is Dangerously Wrong." *Fox Business*, February 25.

Wellmon, Chad. 2015. *Organizing Enlightenment: Information Overload and the Invention of the Modern Research University*. Baltimore, MD: Johns Hopkins University Press.

Wittkower, D. E., Evan Selinger, and Lucinda Rush. 2013. "Public Philosophy of Technology: Motivations, Barriers, and Reforms." *Techne: Research in Philosophy and Technology*, vol. 17, no. 2, pp. 179–200.

Young, Christopher. 2004. "How to Teach Introduction to Applied Ethics." Available at http://www.chrisyoung.net/prose/essays/how-to-teach-introductionto-applied-ethics/.

Zakaria, Fareed. 2015. *In Defense of a Liberal Education*. New York: W.W. Norton.

索 引

abortion, 94, 106
academic:
　culture, 36, 81, 131;
　freedom, 39, 119;
　knowledge, x, 8;
　metrics, 23, 36;
　politics, 45;
　research, 4, 21, 23
Académie Française, 60
activism, 24, 106
aesthetics, 8, 13, 77, 118
agricultural ethics, 84
American PhilosophicalAssociation (APA), 36, 40, 45, 69–70, 128, 130–31
analytic philosophy, x, xi, 7, 19, 20, 35, 50, 66
anarchy, 141
Andre, Judith, 101, 103

Aristotle, 55, 57, 60, 61, 78, 94, 116, 143
Arizona State University (ASU), 131–32
authoritative knowledge, 61, 121

Belmont Report, 97, 105
Benedict, Ruth, 50
bibliometrics, 25, 110, 126, 135
Bildung, 64, 141
biology, 30, 37, 41, 61, 86, 97, 109
Boon, Mieke, 129
Borgmann, Albert, 35, 145–46, 150
Bostrom, Nick, 122, 136
boundaries, 26, 61, 62, 94, 122
boundary work, 68, 84–85, 98–99

Breakthrough Institute, 122

broader impacts, 5, 25, 58–59, 71, 75n7, 87–88, 103, 111–12, 129, 135, 137, 139

Brooks, David, 38

Bruner, Michael, 86

Bush, Vannevar, 24–25, 75n3, 137–39, 142, 144–45, 147, 149

Callahan, Daniel, 96, 104, 106, 133

Callicott, Baird, 72, 82, 146–49

capitalism, 21

Carson, Rachel, 149

Center for Applied Rationality, 122

climate science, 2, 49, 82, 88, 119

cognitivism, 82

Cold War, 21, 24, 65, 138, 143

commission paradigm, 74

complete streets, 149–50

contemporary philosophy, 1–2, 7, 9, 20, 23, 30, 60, 65

continental philosophy, 7, 16, 20, 75

Cornell University, 64, 121

critical thinking, 17, 32, 40, 124, 141

Crow, Michael, 131–32

Darwin, Charles, 34, 81–82

democracy, 10, 18, 141

Denker, 79

Dennett, Daniel, 72

Deresiewicz, William, 141

Descartes, Rene, ix, 7, 14, 30, 59–60, 133, 146–47

Dewey, John, 17–19, 23, 27, 63–65, 135n6

dialectic, 56, 62

disciplinary:

capture, 5, 32, 70, 73, 75, 81, 87–88, 100, 107, 109, 130;

economy, 42;

knowledge, 125;

model, 23, 44, 58, 73–74, 100, 107–10, 125–27, 142–49*passim*;

model of knowledge, 22, 84, 87, 127, 145;

research, 25, 73, 125, 126, 138, 143, 149

economics, 19, 48, 68, 72, 77, 83, 103, 118

Einstein, Albert, 149

emotivism, 66

environmental ethics, 34, 77–103 *passim*, 127, 147

epistemic certainty, 121

escape velocity, 73, 75, 103

extra disciplinary, 42, 67, 71–73, 104, 107, 117, 148

fascism, 143

feminism, 25, 34, 97, 105

fieldwork, 124, 126

Fish, Stanley, 144–45

Fisher, Erik, 127–28

Foreman, Dave, 148

fracking, 48, 84, 90, 103, 125

Frankfurt School, 66

free will, 20, 74, 82

Freud, Sigmund, 80, 112

Future of Humanity Institute (FIH), 122

Gardiner, Stephen, 85–86

Gates, Bill, 136

Google, 2, 19, 108n3, 122

graduate programmes, 44, 65

graduate students, 27, 31, 34–38, 40, 44, 46nn2–3, 67, 70, 83–85, 98, 101, 108n4, 117. *See also* PhD

grants, 5n1, 25, 31, 59, 69, 131, 132

Guattari, Felix, 123

Hargrove, Eugene, 83, 85–86

Harvard University, 31–32, 121

Hastings Center, 96, 108; report, 99–101

Hausman, Dan, 72

health:
environmental, 93, 136;
public, 84, 96

healthcare, 21, 42, 47, 93, 98, 102

Hegel, Georg Wilhelm Friedrich, 20, 36, 62, 142

Heidegger, Martin, 7, 20, 30, 55, 79

heteronomy, 61–62

Holbrook, Britt, 59, 88

Human Genome Project (HGP), 98

Humanities in the European Research Area (HERA), 139

ignorance, 50, 59, 79, 133
Illich, Ivan, 66, 142
intellectual merit, 58, 111, 139
interdisciplinary, 9, 23, 88, 93, 95, 102, 119, 121, 126–28, 132, 134

James, William, 14, 63
job market, 27, 31, 40, 70
John Hopkins University, 64, 120–21
journals:
   academic, 67, 71, 77, 98, 110;
   philosophy, 25, 42, 67–74 *passim*, 80, 82
justice, x, 25, 84, 87, 89, 104, 118, 133
Kagan, Connie, 69–70
Kant, Immanuel, ix, x, xi, 45, 60–63, 116
Katz, Eric, 82, 85
Kuhn, Thomas, 15, 50, 130

labour, 21, 40, 44, 55–58, 61, 119
Latour, Bruno, 8, 49, 121
Leibniz, Gottfried, 27, 60, 79

Leopold, Aldo, 149
Light, Andrew, 82, 84, 102, 128
Lingis, Alfonso, 116
Locke, John, x, 49, 60, 80

McCarthyism, 18
McCumber, John, 18, 65
medical ethics, 93, 94, 98,
medicine, xi, 8, 68, 94, 97, 98, 101, 102, 129
meso-level, 124–25
meta-ethics, 82
meta-philosophy, 30, 112
metaphysics, 7, 19, 40, 55, 77, 81, 118
metaphysics (productionist), 55–58, 64
metrics, 22, 23, 26, 36, 44, 59, 71, 124, 135, 138–40
Michigan State University, 76n9, 84, 121, 127–29, 132
Mitcham, Carl, 24, 147–48
Mode 1 philosophy, 23, 25
Modern Language Association (MLA), 36, 131, 134n3, 141
Mode 2 philosophy, 23, 25–27, 118, 128
money, 22, 30, 31, 49, 61, 103,

104, 135

monopolies (radical), 142

moral imagination, 37, 48, 50, 136, 148

Moreno, Jonathan, 101-2, 104

Muir, John, 121

Musk, Elon, 122, 136

National Commission, 96-97

Nation Science Foundation (NSF), 5n1, 25, 37, 57-59, 67, 75nn2-3, 78, 111-12, 132, 137, 139

neoliberal, 3, 22, 27, 44, 56, 139, 140

Nietzsche, Friedrich, 10, 16, 50, 64, 134, 136

non-academic, ix, 18, 36, 45, 70, 101, 122, 123

non-disciplinary, 121, 124-27, 149

non-philosophic audiences, 68, 123, 125

Norton, Bryan, 82, 85-86

Nuremberg Trials, 94-95

Nussbaum, Martha, 30, 72, 141

Oelschlager, Max, 86

ontology (regional), 3, 15, 16, 20, 34, 48, 79

O'Rourke, Michael, 127, 132

over-production, 42

Oxford University, 60, 122

Paley, William, 81

Passmore, John, 81

Pasteur, Louis, 150

peer reviewed articles/journals, 25, 40-42, 67-68, 74, 99, 101, 110, 138

PETA (People for the Ethical Treatment of Animals), 82

PhD, 2, 4, 16, 19, 31, 34, 38, 40, 41, 44, 46n3, 50, 70, 77, 78, 98, 132

Phenomenology, xi, 20

Philosophy Learning and Teaching Organization (PLATO), 127

philosophy of language, 7, 40

Philosophy of Science Association (PSA), 64, 129

Plato, ix, xi-xiii, 16, 29, 33, 36, 60-61, 93-94, 140, 147

plurality of standards, 78, 149

policymakers, 37, 58, 82-86, 98, 102, 107, 112, 128, 129, 149 policy studies, 24-25, 71

post-disciplinary, 23, 60

principlist, 98, 104-5

psychometrics, 70

Public Philosophy Network (PPN), 128-30

Quine, Willard, 18-19, 119, 133

Rawls, John, 87, 133-34

Republic of Letters, 2-3, 18, 60, 110, 119-20, 122

Research Assessment Exercise, 139

Rock Ethic Institute, 129

Royal Society, xi, 40, 60, 120

scholarly production, 38, 40

School of Life Science (SOLS). *See* ArizonaState University (ASU)

Science of science and Innovation Policy (SciSIP), 57, 112, 139

social epistemology, 24

Socially Relevant Philosophy of/in Science and Engineering (SR-PoiSE), 129

Society of Philosophy of Science inPractice(SPSP), 129-30

Socio-Technical Integration Research(STIR), 127

Socrates, xi – xiii, 1, 7, 9, 14-16, 26-29 *passim*, 30, 33, 37, 50, 57, 59, 61, 63, 93, 123, 133, 140, 142

Socratic practice, 15, 16

specialization, 8-9, 18, 27, 40, 59, 61, 64-65, 129

Spinoza, Baruch, 60

STEM (science, technology, engineering and math) disciplines, 2, 4, 21, 58, 139 - 40, 145, 147

Stevenson, Leslie, 66

Stokes, Donald, 150

Strauss, Leo, 50, 140

student debt, 38, 43

technoscientific, 3, 18, 19, 32, 93, 104

tenure-track jobs, 38, 40

theology, xi, 8, 34, 81, 96, 102

Thiel, Peter, 122

transhumanism, 106

trickle-down, 24, 25, 74, 82, 84, 89, 110, 142-43, 145-46

Unger, Peter, 35

utility, 27, 55, 62, 63, 89, 140-41, 144

virtue ethics, 97

virtues, 7, 9, 10, 15, 17, 26, 50, 60, 68, 91, 140, 148

Walzer, Michael, 72

Weltanschauung philosophy, 16

Woolf, Virginia, 123

worldview, 24, 85, 127, 146-50

Zakaria, Fareed, 141

译 后 记

本书是美国北得克萨斯大学哲学与宗教学系教授罗伯特·弗洛德曼（Robert Frodeman）和亚当·布瑞格尔（Adam Briggle）多年来研究成果的结晶。他们对 21 世纪哲学的建制以及哲学所面临的严峻的社会政治环境进行了深刻反思，对 21 世纪哲学的合法性与未来命运进行了系统思考，对在"苏格拉底也不能得到终身教职"的当今时代"如何做哲学"这一问题进行了元哲学层面的回答，对哲学成果的评价标准、哲学的建制如何影响哲学的内容等问题进行了积极的探索。本书提出了具有启发性的"田野哲学"（Field Philosophy）理念，主张哲学家应该走出书斋，走向社会并参与现实问题的解决，以增强哲学对现实世界的影响。

作者对新自由主义的价值观持批判态度，认为在新自由主义那里，"苏格拉底在今天的哲学系（或其他任何院系）绝不可能获得一个职位"，把"田野哲学"作为对当今西方世界新自由主义挑战的一种回应，认为哲学应该有多元化的存在方式，学院哲学仍然具有其存在的价值和意义。译者认为，正是新自由主义导致学院哲学在西方越来越边缘化，导致西方传统哲学和整个人文学科陷入濒临灭亡的险境。新自由主义的泛滥已经对那些将其奉为圭臬的国家产生了灾难性影响。我们必须旗帜鲜明地反对新自由主义，坚持马克思主义在意识形态领域指导地位的根本制度，建设具有强大凝聚力和引领力的社会主义意识

译 后 记

形态。

　　作者不但提出了做哲学的新理念,还以自己的实际行动实践着他们的新理念。比如,布瑞格尔参与了丹顿市禁止使用水力压裂法(hydraulic fracturing)活动和丹顿市电力公司推行的"可再生丹顿计划"活动等;弗洛德曼参与了美国科学基金会基金资助标准的实施和调研。在某种意义上,他们实现了"知行合一",他们是真正的"田野哲学家"。他们的理念和行动中体现的实践精神与马克思主义哲学不谋而合,这对于我们重新反思什么是哲学、如何做哲学、如何发挥哲学对现实的影响都具有积极的启发意义。此外,田野哲学主张对哲学的评价标准不是哲学在多大程度上增加了对世界的认识和理解,而是哲学在多大程度上改变了世界,在这个意义上,田野哲学是对马克思主义哲学的一种继承;马克思主义哲学本身就是一种实践哲学,非常强调哲学的实践性,而田野哲学作为非学科哲学,本质上也是哲学实践,是哲学的实践形态,在这个意义上,田野哲学又是对马克思主义哲学的一种发展。鉴于本书在这方面的学术价值和实践价值,我们决定将其翻译成中文,以期为国内哲学及相关领域的研究提供有益的借鉴。

　　本书的作者是我们在美国访学期间的导师。我们曾先后于2011年、2012年受国家留学基金委资助访学于北得克萨斯大学(University of North Texas)哲学与宗教学系交叉学科研究中心,正是由于此契机,我们结识了他们并得到了翻译本书的机会。作为我们在美国的导师,弗洛德曼和布瑞格尔对我们在美学习期间的学业和生活给予了悉心指导与鼎力帮助。每逢节假日,他们总是热情地邀请我们去他们家中做客,现在每每回想起来,一股暖流总是涌上心头。我们和二位导师一直保持着密切的学术联系。本书的翻译及出版,正是上述学术友谊的见证。

　　本书的翻译工作是这样分工的:张卫负责前半部分的翻译,芦文龙负责后半部分的翻译,各自翻译完之后,我们又相互校对了对方的部分,并就各自遇到的疑难问题进行了深入的探讨。在翻译的过程中,我们还多次发邮件向弗洛德曼和布瑞格尔请教个别疑难字句的意思,每次都得到了他们及时和耐心的解答。他们还主动提出为中文版作序。整个翻译过程充满了快乐的回忆。尽管我们得到了作者的诸多帮助,但由于水平有限,译文可能会出现贻笑大方的地方,敬请读者批评指正。

  本书的出版受到东北财经大学马克思主义学院"辽宁省高校示范马克思主义学院"建设经费的资助,特此感谢。同时,我们对人民出版社的洪琼主任和其他同人也表示深深的感谢,没有你们的帮助与支持,此书的出版还不知何时会实现。

芦文龙 张 卫

2023 年 9 月 28 日

责任编辑：洪　琼

图书在版编目（CIP）数据

苏格拉底的终身教职 : 21世纪哲学的建制 /（美）罗伯特·弗洛德曼，（美）亚当·布瑞格尔著 ; 芦文龙，张卫译. -- 北京 : 人民出版社，2024. 11. -- （当代西方学术经典译丛）. -- ISBN 978-7-01-026739-5

Ⅰ. B502.231

中国国家版本馆 CIP 数据核字第2024CG4862号

原书名：Socrates Tenured: The Institutions of Twenty-First-Century Philosophy
原作者：Robert Frodeman and Adam Briggle
原出版社：Rowman & Littlefield International Ltd.
版权登记号：01-2023-6120

苏格拉底的终身教职
SUGELADI DE ZHONGSHEN JIAOZHI
——21世纪哲学的建制

[美]罗伯特·弗洛德曼　亚当·布瑞格尔 著
芦文龙　张卫 译

人民出版社 出版发行
（100706　北京市东城区隆福寺街99号）

北京中科印刷有限公司印刷　新华书店经销

2024年11月第1版　2024年11月北京第1次印刷
开本：710毫米×1000毫米 1/16　印张：13.5
字数：220千字

ISBN 978-7-01-026739-5　定价：69.00元

邮购地址 100706　北京市东城区隆福寺街99号
人民东方图书销售中心　电话（010）65250042　65289539

版权所有·侵权必究
凡购买本社图书，如有印制质量问题，我社负责调换。
服务电话：（010）65250042